丛书主编◎杨德军 朱传世

U0854411

整体育人
绿色成长

北京小学翡翠城分校
遨游计划成果

张文凤◎主编

北京师范大学出版集团
BEIJING NORMAL UNIVERSITY PUBLISHING GROUP
北京师范大学出版社

图书在版编目(CIP)数据

整体育人　绿色成长：北京小学翡翠城分校遨游计划成果/张文凤主编．—北京：北京师范大学出版社，2020.4
ISBN 978-7-303-25428-6

Ⅰ.①整…　Ⅱ.①张…　Ⅲ.①小学教育—教育研究—成果—汇编　Ⅳ.①G622.0

中国版本图书馆 CIP 数据核字(2020)第 001260 号

营销中心电话　010-58802135　010-58802786
北师大出版社教师教育分社微信公众号　京师教师教育

出版发行：北京师范大学出版社　www.bnup.com
北京市西城区新街口外大街 12-3 号
邮政编码：100088
印　　刷：天津旭非印刷有限公司
经　　销：全国新华书店
开　　本：710 mm×1000 mm　1/16
印　　张：17.5
字　　数：250 千字
版　　次：2020 年 4 月第 1 版
印　　次：2020 年 4 月第 1 次印刷
定　　价：63.00 元

策划编辑：冯谦益　　责任编辑：陈　倩
美术编辑：焦　丽　　装帧设计：焦　丽
责任校对：康　悦　　责任印制：马　洁

『遨游计划』首都课程创新丛书

丛书编委会

『遨游计划』首都课程创新丛书

本书编委会

主　　编：张文凤

编　　委：侯艳玲　齐向春　杨红梅　崔海冬
赵佳祺　王锐锋　张建颖　迟　辉
张　杰　韦　靓　许　凤　刘砚春
尹建和

总序

ZONGXU

我国自2001年进入新一轮课程改革，到2010年课程改革10年反思之际，教育、课程、教学等方面的新老问题被聚焦。这些问题主要包括：学校课程供给的低效、单一、有限与家长、学生对于课程的高效、多元、多样化的需求之间存在矛盾；学校“教育－课程－教学－评价－管理”各环节之间互不搭界；学校育人模式单一且德学分治；学校层面和教师层面成为课程深化基础教育领域综合改革的瓶颈；学生课业负担重，学习效率低，学习效果差；学校课程建设体制机制僵化。

这些问题既有整体性的和全局性的，也有具体环节与要素层面的。如果简单地按照“头疼医头、脚疼医脚”的原则处理，可能会出现“按下葫芦浮起瓢”的局面。这就需要找到一个抓手，能“抓住一点遍及其余”，具有“牵一发而动全身”的功效。2010年7月29日备受关注的《国家中长期教育改革和发展规划纲要(2010—2020年)》正式发布，为我国教育改革提供了方向与依据。为落实纲要精神，促进首都基础教育公平、优质、创新、开放地发展，进一步提高首都基础教育现代化水平，结合创新型国家和世界城市建设的需要，2012年在北京市教育委员会(简称北京市教委)基础教育二处的统筹下，国家教育体制改革项目——部分中小学承担的课程建设研究项目启动。项目组选定了15所小学、12所中学、1所九年制学校共28所实验校开展前期研究和实践探索。

为深化此项研究，推进基础教育综合改革，进一步激发学校自主发展的活力，2013年，项目组在28所实验校的基础上扩大实验范围，增至41所，正式将项目命名为“北京市中小学课程创新实验——遨游计划”项目(简称“遨游计划”项目)。自此，“遨游计划”项目的基本宗旨也确立下来，即以“义务教育课程创新实验”为切入点，以下放课程建设的部分权力为路径，以问题、需求、特色为导向，以巧设计、多支持、少干预为原则，让实验校大胆改革，破除阻碍教育发展的体制机制，蹚出一条具有首都特色的义务教育课程创新之路。

2014年，又有2所学校在不申请经费的情况下自愿加入“遨游计划”项目，经审批，形成了41(＋2)所实验校的局面。由于前期实验效果明显，社会反响好，2015年，北京市教委决定将实验校增至50所。在这期间，相关领导提出了项目的“低代价发展模式”，追求自主发展、生态发展、绿色发展；作为实验执行单位的北京教育科学研究院基础教育课程教材发展研究中心提出了“变量控制模式”，控制六个主要变量，科学设计“六位一体”首都课程创新战略。“六位”指“六位自主”，即“课程目标自主”“课程结构自主”“课程内容自主”“课程实施自主”“课程评价自主”“课程主体选择自主”。“六位自主”是引导学校从课程建设的主体方面切入，将国家对于课程的基本要求与学校特色、学生需求相结合，充分利用好手中的自主权，激发学校课程活力，从而创新人才培养的模式，形成学校课程特色。“一体”指学校课程一体化建设，即学校在明确国家、地方、学校三级课程管理体系以及把握三级课程学时比例的基础上，结合学校特色和师生特点，融通三级课程，形成三级课程的整体推进方案和实践体系，达成课程整体育人的效果。“课程创新”是本实验的基本出发点和归宿点，要求各实验校在现有的课程政策、课程体系的基础上，调整课程各要素的关系，发挥各要素更大的效能，从而改进课程供给品质，创造更有价值的课程以及课程生产的新元素、新方法、新机制，从而获得更好的课程效益，解决课程领域的矛盾，满足课程各利益相关者的需求。

“遨游计划”项目实施 8 年以来，无论在项目管理方面还是在项目成果方面都卓有成效，积累了许多课程建设的典型经验。

一是确定了学校课程自主创新架构的三个基本原则：以“人的整体性发展”为核心，以“六位一体”为基本抓手，构建具有开放而综合特点的课程体系。

二是研制了基于“六位一体”模式的课程自主创新路线图，如下。

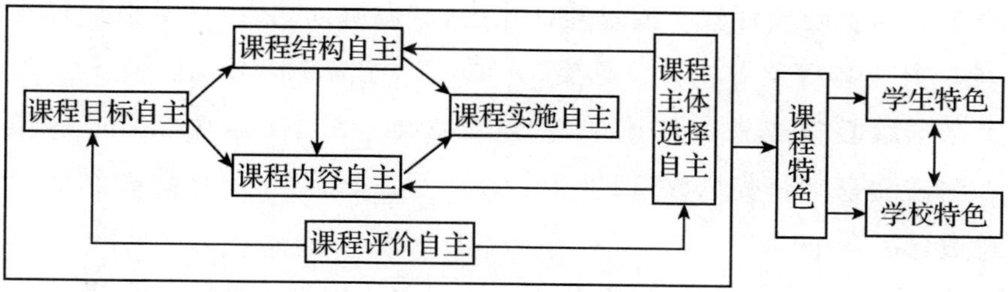

基于“六位一体”模式的课程自主创新路线图

三是形成了“六位一体”课程模式的特点。国家总督学顾问、联合国教科文组织协会世界联合会副主席陶西平先生总结了“遨游计划”项目课程创新的特点，即自主性、包容性、实践性、发展性、创新性、开放性。

四是探索出了课程创新的 12 步法则——精准破题—理论夯基—立柱架梁—有限行权—激活机制—重构课程—优化供给—身份塑造—多极关联—诊断评估—节点管理—现场推进，既实现流程管理目标，指明方向，降低风险，又提供课程创新内容和方法指导，加强专业引领，提升课程改革质量。

五是初步形成了基于课程整体育人的 50 个教育新架构、基于立德树人根本任务和中国学生发展核心素养的 50 个富有学校特色的课程体系，开发了 30 多个理论和实践结合的课程创新主题。

六是学校课程结构丰富多样，大小课、长短课等课程排课样式灵活多变，国家课程校本实践效果突出，教与学方式的变革提升了课程效益。各实验校积累了上千门的精品课程，学校课程管理变革提升了课程建设的品质。

“遨游计划”项目自实施以来，成果丰硕，市级项目组和许多实验校的成果在北京市乃至国家成果评比中斩获殊荣。2014 年，2 所实验校获基础教育国家级教学成果奖一等奖，8 所实验校获基础教育国家级教学成果奖二等奖。在 2016 年全国教育科学成果评比中，1 所实验校荣获优秀成果奖二等奖，2 所实验校荣获优秀成果奖三等奖。在 2017 年北京市第五届基础教育教学成果奖评比中，“遨游计划”项目实验校共获奖 31 项，其中特等奖 3 项，一等奖 10 项，二等奖 18 项。在 2018 年基础教育国家级教学成果奖评比中，“遨游计划”项目实验校获评一等奖 2 项，约占北京市获奖总数(12 项)的 17％；二等奖 11 项，约占北京市获奖总数(28 项)的 39％。

北京市“遨游计划”项目组及实验校以对国家教育和学生负责的态度开展课程创新实验，积极作为，大胆改革，小心求证，破解了义务教育改革的难点，开创了义务教育课程改革的新局面，将人才培养模式变革落到了学生层面，在研究视角、研究内容、研究方式等方面取得重大突破。学生的课程需求向最大满足的方向发展，学生全面而有个性地发展、可持续发展和自主发展水平，以及教师的课程意识与水平得到普遍提升，学校课程文化成为学校文化的重要组成部分，实验成效在北京市乃至全国都产生了积极而深远的影响，“六位一体”课程体系成为首都品牌。

项目成果印证了基础教育改革坚持“从群众中来，到群众中去”的重要性和正确性，促进了课程理论与课程实际的结合，回应了教育改革和发展“为了谁、依靠谁和成果由谁共享”的重大主题。同时，项目的推进，为加快解决经济社会发展对高质量、多样化人才的需要与教育培养能力不足的矛盾，人民群众期盼良好教育与资源相对短缺的矛盾，增强教育活力与体制机制约束的矛盾提供了很好的案例。项目在北京市中小学校课程建设、育人模式改革、减轻学生过重负担、提高课程整体效益、促进学校内涵式发展等方面具有示范和推广意义。北京市 2015 年 7 月颁布的《北京市实施教育部〈义务教育课程设置实验方案〉的课程计划(修订)》就吸收了此项目的先进经验，其中大小课、长短课、学科实践活动课程、开放性科学实践活动、整体育人实践、自主课程实验等就是其集中体现。

课程改革是教育改革的“牛鼻子”，课程改革的空间很大，向课程要效益是现在和未来一直要做的工作。今天，我们以实验校的课程创新成果为依托，推出北京市“遨游计划”项目成果系列丛书：一方面是为了巩固课程改革成果，凝练北京市课程改革的典型经验，引领首都教育向着更高水平迈进，为全国同行提供参考，为课程建设的伟大事业添砖加瓦；另一方面是要加深课程理论研讨，深入课程内涵层面，把握好课程各要素和各种关系，加强协同，突破结构性、体制性障碍，探索具有中国特色的课程理论框架，让课程创新在纵横两方面全方位推进，以期获得更好的课程效益。这套丛书是从北京市课程的变革性实践中凝聚、提炼而来的，也可以说是北京市课程改革的缩影，希望它的现实之光，能照见课程改革的未来。

李 奕

2019 年 8 月 1 日

前言

QIANYAN

北京小学翡翠城分校成立于 2008 年 6 月，坐落于北京市大兴区北部，现在分为南、北两个校区，一校三址办学。学校占地总面积约为 40000 平方米，校园环境优美，幽雅宁静。学校现有学生 2000 余人，在编教职工 170 余人。硕士研究生占任课教师数的 14%，市区级学科带头人、学科骨干占任课教师数的 31%。

学校以“绿色成长教育”为办学理念，致力于让学校成为生命精彩绽放的绿色家园。学校将“翡翠城——梦开始的地方”“神奇翡翠城，精彩绿家园”“爱与智慧同行，梦与成长相伴”作为宣传语。2009 年，张文凤校长提出了“实施绿色成长教育，促进师生主动发展，建设一所国际化优质小学”的办学目标。师生共同确定了“悦己爱人 智勇双修”的校训。学校以课程和课堂凸显办学特色。

课程改革是学校教育改革永恒的主题。建校伊始，学校领导班子就带领全体教师开始了一个漫长的课程探索和实践的过程，在发展过程中，经历了两步走：

第一步：探索多维课程体系(2008—2013 年)

这个课程体系的特点有二：

1. 隐性课程——环境文化建设成果。我们遵循“开放童趣、自由舒展”的原则，整体规划，逐步推进，努力将校园的每个角落都注入教育元素，尽可能开放所有的教育资源，让每一寸空间都服务于孩子的绿色成长。我们的环境不追求豪华，力求原生态，让孩子们处处可玩，随处可学：计算机、图书、乐器等放在楼道里，科技馆建在楼道里，校树、校花时刻提醒孩子们要优雅、坚忍，成长林里有孩子们的梦想，小舞台是展示自我的地方。楼顶有梦想花园，围墙外有笼式足球场、种植体验园。开放的空间，使孩子们的学习和习惯养成交融在一起，在日积月累中内化成他们的整体素质。

2. 显性课程——自主开发课程成果。自主开发课程以童话《绿野仙踪》中的四个主人公的名字（小狮子、铁皮人、稻草人、多萝西）命名，涵盖 60 余门必修、选修课程。我们针对学情和培养目标，确定必修课程的课程纲要，并付诸实施。

在实践中我们渐渐发现："翡翠城"多维课程体系过于繁杂，培养目标指向不够清晰，没有涉及国家课程的校本化实施，三级课程之间缺少有机的联系。我们在思考中进一步明晰：必须凸显课程主干，课程应将学生的社会体验、自身经验与知识相结合，应有利于学生健全人格的建构和学生的健康发展。

第二步：构建整体课程体系（2013 年至今）

2013 年 5 月，我校有幸成为北京市遨游计划项目课程创新实验校，在一次次的高端培训和课程观摩活动中，我们豁然开朗，由此迈上了学校课程发展的第二个台阶。我们遵循“整体构建，因材施教”的原则，经过十几稿的推敲，终于确定了“绿色成长”课程体系的顶层架构。

“绿色成长”课程体系在课程结构、内容及形态上，最大限度地拓展学校课程建设的时空。它不仅具有科学性、系列性，更具有开放性、多元性。在横向上，我们将课程分为健康、艺术、科技、人文四大门类，分别以《绿野仙踪》中的四个主人公的名字命名，希望学生通过课程的学习，能够拥有勇气、爱心、智慧、梦想这些核心素养；在纵向上，我们将课程分为基础、拓展和特色三个层次，自下而上，由普及到特殊，整体水平由低向高，满足学生的不同发展需求。这样纵横交错，形成了课程的网状体系，充分体现了我们对学生的个性化、多样化成长的关注，使我们的培养目标能够落在实处。

课程实施突出学校办学特色。我校从整体入手，采取一体多维的课程设置思路。比如，对于艺术课程，我们以提升学生的艺术素养为总目标，依托音乐教材这个主体，将必选课程钢琴、葫芦丝作为补充、拓展，体现校本特色，增设合唱、舞蹈、管乐、民乐等更专业、更高端的课程。这种以总目标为引领、一体多维的思路也在其他学科和领域有序推行。

课程评价促进学生自主成长。我们集全校师生之力制定了《翡翠娃公约》。大家相互督促，共同遵守约定，促使养成教育向自我教育转变。同时，我们从关注学生生命成长的质量入手，将德育、教学融为一体，利用完整的评价体系对学生进行评价。

近年来，在“绿色成长教育”办学理念的引领下，我校的课程建设取得了丰硕的成果，各种荣誉奖项接踵而来，如“全国教育系统先进组织”“北京市三八红旗单位”“北京市遨游计划课程实验校”“北京市科技、艺术、课程改革、科研先进校”“北京市花园学校”“北京市首批校园文化示范校”等。2017 年 3 月，舞蹈团和书画社荣获“北京市金帆艺术团”称号。

11 年的课程改革探索和理论求索使我们坚信：课程建设是一所学校的核心力量。今后，我校将继续以“绿色成长教育”为基点，整体推进课程建设，创新课程思想，丰富课程内涵，用课程提升学校品质，让课程为每个学生的终身发展和幸福奠基！

2019 年 7 月于北京小学翡翠城分校

目录

MULU

第一章

发生语境：课程建设的背景

课程是教育教学活动中的一项重要内容。课程固然可以有多种定义，但不可忽视的一点是，任何课程都不可能孤立地存在。联合国教育、科学及文化组织(以下简称联合国教科文组织)的国际教育局前局长、阿根廷教育改革家布拉斯拉夫斯基(Braslavsky)指出，课程是社群、教育专家和国家之间的协议，规定学生在一生的特定阶段里应该学习什么。课程规定学生为什么学习、学习什么、什么时候学习、在哪里学习、怎样学习、跟谁学习。[①] 这也就意味着，课程的设计，除了要考虑教育因素外，还要考虑当时所处的外部环境，应被放到大的社会背景当中来进行。本章就将从国家、市和学校的层面，对北京小学翡翠城分校的课程建设的背景进行介绍，以明确学校课程建设所处的宏观、中观和微观环境。

第一节　外部背景：近年来课程建设发展大势

2018 年 9 月 10 日，在第 34 个教师节来临之际，第五次全国教育工作大会在北京召开。习近平总书记发表重要讲话，强调要“在党的坚强领导下，全面贯彻党的教育方针”，在“坚持马克思主义指导地位，坚持中国特色社会主义教育发展道路，坚持社会主义办学方向”的原则下，“立足基本国情，遵循教育规律，坚持改革创新”，“培养德智体美劳全面发展的社会主义建设者和接班人，加快推进教育现代化、建设教育强国、办好人民满意的教育”。全国教育工作大会的召开和习总书记的讲话，凸显了教育在我国社会主义建设和发展过程中的重要性。实际上，自党的十八大以来，国家已经出台了一系列教育改革与发展政策，明确了立德树人是我国教育工作的根本任务，并从坚持社会主义核心价值观、弘扬中华优秀传统文化和深入推进课程改革等方面，多角度、全方

① 徐贲：《阅读经典：美国大学的人文教育》，21 页，北京，北京大学出版社，2015。

位地对我国的教育发展道路进行了部署。这些政策措施共同构成了我国教育事业发展的宏观社会背景。

一、立德树人成为新时代教育的根本任务

我国传统文化历来强调良好品德的重要性。《礼记·大学》中提道："君子先慎乎德，有德此有人……德者本也……"《资治通鉴》中也提道："才者，德之资也；德者，才之帅也。"可见"德"是为人处世的根本，是众才之首。在我国的社会主义教育体系中，德育也历来受到重视。1988年，教育部(时称"国家教委")就制定了《小学德育纲要(试行草案)》和《中学德育大纲(试行)》，它们对中小学德育的目标、内容、实施途径、学生品德评定、德育工作的领导与管理等内容进行了规定。1994年，《中共中央关于进一步加强和改进学校德育工作的若干意见》，对适应深化改革，扩大开放和加快社会主义现代化建设背景下的中小学德育做出了新的指导，明确了新时期德育工作的重要性，并对学校德育工作提出了明确要求。1993年、1995年，教育部先后颁布了正式版的《小学德育纲要》和《中学德育大纲》，并于1998年颁布了《中小学德育工作规程》，它们形成了比较完整的中小学德育工作指导政策体系。2004年，教育部印发了《中等职业学校德育大纲》，对中等职业学校的德育目标、内容、实施途径、评价标准以及领导与管理工作等进行了规定。2004年的《中共中央 国务院关于进一步加强和改进未成年人思想道德建设的若干意见》、2009年教育部等六部委联合发布的《关于加强和改进中等职业学校学生思想道德教育的意见》等政策文件进一步将德育相关工作推向深入。

2012年，党的十八大报告中更加明确了德育在我国教育工作中的重要作用，提出要"把立德树人作为教育的根本任务，培养德智体美全面发展的社会主义建设者和接班人"。党的十九大报告中再次强调了立德树人工作的重要性，提出"要全面贯彻党的教育方针，落实立德树人根本任务，发展素质教育，推进教育公平，培养德智体美全面发展的社

会主义建设者和接班人”。立德树人成为发展中国特色社会主义教育事业的核心以及培养德智体美全面发展的社会主义建设者和接班人的本质要求。

2015年，教育部出台了《关于加强家庭教育工作的指导意见》，从家庭教育的角度，对落实立德树人根本任务进行指导。为把中小学德育工作落细、落小、落实，2017年，教育部出台了《中小学德育工作指南》，确立了德育工作的基本原则、总体目标和分学段目标、德育工作的内容和具体实施途径，并于2017年10月编印了《中小学德育工作指南实施手册》。2018年1月，教育部印发了《关于全面落实研究生导师立德树人职责的意见》，要求研究生导师要以德立身、以德立学、以德施教。2018年3月，教育部考试中心主任姜钢、党委书记刘桔在《中国教育报》上发表了《牢记立德树人使命，写好教育考试奋进之笔》的署名文章，就教育考试工作发表了重要意见，指出“高考是高校选才育人的第一道关，高考要成为落实立德树人根本任务的有效途径和重要载体。在高考命题工作中要以立德树人为引领，坚持不懈培育和弘扬社会主义核心价值观，传承和发扬中华优秀传统文化，助力实现‘四个正确认识’，进一步强化、凸显高考的思想教育和价值引领作用”。

从党的十八大确立立德树人根本任务的地位，到2018年教育部考试中心对高考的定调，我们可以看出，立德树人已经成为我国教育发展的核心指引，必将贯彻到教育教学的各环节中。

二、课程改革不断推向深入

教育改革是永恒的主题。社会在不断变革，就要求教育也要不断变革。在教育改革中，课程的改革是核心。[①] 自中华人民共和国成立以来，我国已经进行过七次课程改革。第八次课程改革自1999年启动，目前仍在进行中。

---

① 顾明远：《课程改革的世纪回顾与瞻望》，载《教育研究》，2001(7)。

课程是学校开展立德树人教育的重要载体，课程改革是落实立德树人根本任务的关键环节。2013年1月，教育部在《关于2013年深化教育领域综合改革的意见》中指出，要"加强小学、中学、大学语文和历史课程的整体设计和基本建设，完成大中小学相衔接的德育课程体系建设，探索语文、历史等学科渗透思想品德教育的方式方法，挖掘各门课程蕴含的德育资源，整合法制教育内容，增强德育工作针对性和实效性。深化中小学课程改革，加强课标制定、教材使用与考试评价的衔接"，以通过课程内容改革的方式保证立德树人根本任务的完成。

2014年，教育部又出台了《关于全面深化课程改革落实立德树人根本任务的意见》，指出立德树人是发展中国特色社会主义教育事业的核心所在，是培养德智体美全面发展的社会主义建设者和接班人的本质要求。21世纪以来，课程改革在落实立德树人根本任务方面发挥了重要作用，要继续深入进行课程改革。该意见从研究制定学生发展核心素养体系和学业质量标准，修订课程方案和课程标准，编写、修订高校和中小学相关学科教材，改进学科教学的育人功能，加强考试招生和评价的育人导向，强化教师育人能力培养，完善各方参与的育人机制，实施研究基地建设计划，整合与利用优质教育教学资源和加强课程实施管理十个方面对课程改革的关键领域和重要环节做出了说明。

2018年1月，教育部在《关于印发〈普通高中课程方案和语文等学科课程标准(2017年版)〉的通知》中指出，普通高中课程是实现高中阶段育人目标的重要载体，体现着国家意志，在落实立德树人根本任务中发挥着关键作用。2018年8月，教育部颁布了《关于做好普通高中新课程新教材实施工作的指导意见》，对落实立德树人根本任务、推动高中新课程改革的工作进行了详细部署。

课程改革对落实立德树人根本任务的作用，不仅体现在各学段、各学科课程的改革上，在通过坚持社会主义核心价值观、弘扬中华优秀传统文化落实立德树人根本任务的过程中，课程改革也是重要的载体。在坚持社会主义核心价值观方面，2014 年 4 月，教育部在《关于培育和践行社会主义核心价值观进一步加强中小学德育工作的意见》中指出，“各级教育部门和中小学校要充分发挥课程的德育功能，将社会主义核心价值观的内容和要求细化落实到各学科课程的德育目标之中”，同时要“开发有效的地方课程和学校课程，丰富学校德育资源”，“将积极的情感、端正的态度、正确的价值观自然融入课程教学全过程”。2014 年 10 月，中共教育部党组、共青团中央联合下发的《关于在各级各类学校推动培育和践行社会主义核心价值观长效机制建设的意见》也指出，要“修订德育、语文、历史教材……根据中小学生身心发展规律和年龄特征，系统完善地落实国家主权意识、社会主义核心价值观、中华优秀传统文化、民族团结教育等内容”。在弘扬中华优秀传统文化方面，2014 年教育部在《完善中华优秀传统文化教育指导纲要》中强调，要在课程建设和课程标准修订中强化中华优秀传统文化的内容，修订相关教材和组织编写中华优秀传统文化普及读物，同时充分发挥中小学德育课和高校思想政治理论课的重要作用。2018 年 9 月，教育部和国家语委在《关于印发〈中华经典诵读工程实施方案〉的通知》中指出，要构建经典诵读课程和教材体系，通过“在中小学语文等学科中丰富、充实有关中华经典诵读内容，支持各地开发中华经典地方课程、校本课程”等措施，贯彻《关于实施中华优秀传统文化传承发展工程的意见》中提出的“实施中华经典诵读工程”的要求，落实立德树人根本任务。

自党的十八大确立立德树人为教育根本任务的地位以来，以习近平同志为核心的党中央对落实立德树人根本任务提出了明确要求，国家相关部门先后出台了一系列有关坚持社会主义核心价值观、弘扬中华优秀传统文化和深化课程改革的政策文件，对落实立德树人根本任务进行了全方位的部署。在当前和未来很长一段时间内，这些政策文件都会是我国开展课程建设的重要依据，必将对我国的课程建设工作发挥重要的参考和指导作用。

三、北京市课程改革的举措和重点

课程改革意味着学习方式和教学方式的转变。新一轮的课程改革意在改变过去过于注重知识传授、忽视学生情感态度和价值观培养的倾向，帮助学生培养和建立积极的学习态度，变学生获得知识与技能的过程为他们学会学习和形成正确价值观的过程，将学生从被动学习中解放出来，引导他们自主地去探索知识，体验自然环境和社会生活，提高学生的适应能力和生活能力。

在全国的课程改革大潮中，北京市立足自身定位，整合优势资源，推出了许多引领全国的举措。北京是我国的“政治中心、文化中心、国际交往中心、科技创新中心”(《京津冀协同发展规划纲要》，2015 年)，其地位非常突出和重要。中心就意味着引领和示范，意味着要有破局的决心和勇气。北京“文化中心”的定位要求北京的文化事业必须走在全国的前列，为其他省市起到模范带头作用。教育是文化的重要组成部分，也担负着为国家培养有生力量的艰巨任务。为此，北京市紧随课程改革的大势，做出了许多大胆的尝试，为培养德智体美劳全面发展的时代新人规划了宏伟的蓝图，提供了切实可行的方法和途径。

北京市的课程改革力度空前，举措得当，重点围绕社会主义核心价值观弘扬、核心素养培养、中华优秀传统文化传承、社会实践性提升等几个热点展开，做到了有的放矢。北京市课程改革对以上问题的关注为我们的课程体系建设营造了氛围，指明了方向，提供了依据。

2015 年，《北京市实施教育部〈义务教育课程设置实验方案〉的课程计划(修订)》中进一步指出，要关注课程的整体育人功能以及学科内、学科间的联系与整合，加强综合实践活动课程的开发与实施，大力培育和践行社会主义核心价值观。以上意见和规划进一步明确了在新一轮的课程建设中，我们要重视社会主义核心价值观的弘扬，要将这一时代精神写入教材，带给学生。

第二节　内部背景：学校内涵式发展快速推进

北京小学翡翠城分校于2008年9月开始招生，历经11年时间，发展迅速，至2018年，在大兴区优质小学社会排名中，已经居于领军地位，受到了学生家长与社会各界的一致好评。在11年的发展过程中，学校积极探索自身发展模式，提炼、凝聚办学理念，逐渐形成了具有北京小学翡翠城分校特色的品牌文化。

图1-1　北京小学翡翠城分校全景

经过几年的研究探索，北京小学翡翠城分校最终确立了“绿色成长教育”的办学理念。[①] 在确定了办学理念后，学校进一步构建了相对完整的文化体系，将办学目标确定为“实施绿色成长教育，促进师生主动发展，建设一所国际化优质小学”，将“神奇翡翠城，精彩绿家园”“爱与智慧同行，梦与成长相伴”等作为学校的宣传语，将“培养快乐生活、勇于探索的梦想少年”作为学校的育人目标，将校训确定为“悦己爱人 智勇双修”，希望全校师生能够爱己爱人，智慧勇敢，以良好的心态和品

---

① 赵文凤：《翡翠城——梦开始的地方》，9页，北京，北京出版社，2015。

格面对人生的挑战，实现人生的梦想。校歌为《翡翠城——梦开始的地方》，校徽为“翡翠城”，校花为“海棠花”，校树为“银杏”。我校的基色是绿色和蓝色，绿色象征着生机、生命、健康、希望，蓝色暗示着生命成长的开放与收获。整个文化体系科学、完整，是“绿色成长教育”办学理念在教学不同领域的具体体现。①

一、以“绿色成长教育”理念为指导，学校进入发展快车道

近年来，学校的各项教育教学工作在“绿色成长教育”办学理念的指导下，取得了丰硕的成果。学校荣获“全国教育系统先进组织”“北京市三八红旗单位”“北京市遨游计划课程实验校”“北京市科技、艺术、课程改革、科研先进校”“北京市花园学校”“北京市首批校园文化示范校”“文化育人　魅力学校”“全国最具发展潜力学校”等称号。2017 年，学校的舞蹈团和书画社荣获“北京市金帆艺术团”称号。优异的办学成绩得到了学生家长和社会各界的高度认可，“绿色成长教育”品牌建设已经取得了阶段性成果。

(一)人人重要、合作共荣——塑“拼图管理”文化品牌

管理是学校教育教学得以顺利开展的基本保障。学校除了师生两大群体之外，还有行政人员、后勤人员，以及大量的设施设备，这些都需要得到适当的管理。翡翠城分校坚持“拼图式”的管理理念，并建立了完善的管理制度。

拼图是一种把若干零散无序的小块图形拼合成完整图形的智力游戏。它所蕴藏的真理是，充分尊重个性，使不同的角色在自己的位置上发挥应有的作用，这样才能实现一个更高的目标。

管理的基础是有规可依。北京小学翡翠城分校十分重视自身的章程建设，经过十余年的努力，在学校工作的各个领域、各个岗位都确立了相应的规章制度。这些制度包括行政管理制度、党务制度、后勤保障制

---

① 高益民：《学校文化凝练》，2 页，北京，教育科学出版社，2013。

度、信息技术制度等。这些制度是学校日常运转的重要依据，也是每一个“翡翠城人”所了解和熟知的。

除了上述一系列规章制度所规定的考核形式之外，学校还探索了一系列的激励形式，如“和谐团队奖”“全勤奖”“突出贡献奖”“翡翠之星”“后勤服务优质奖”等，以此来调动教师团队的工作积极性，培养教师的集体荣誉感和团队参与意识。

(二)大气智慧、自信优雅——修炼教师团队文化

几年来，北京小学翡翠城分校一直努力打造“大气智慧、自信优雅”的教师团队文化，并从三个方面来提升教师团队水平：一是“教书”，即专业素质；二是“育人”，即教育素养；三是“做人”，即个人修养。

图 1-2　大气智慧、自信优雅的教师团队

为了提升教师的专业素质和教学能力，北京小学翡翠城分校主要通过课题研究引领全校整体教研工作，确定了以科研为引领促进教学、培育人才、打造名师的工作目标，积极参与市区级科研课题申请，鼓励每一位教师都参与到课题研究中，加速教师科研能力的提升。学校注重教师培养，定期外请专家进行教师培训，对于教师的评价以增值性评价为主，以学生的各项发展为评价基础，要求教师定期进行自我反思。

北京小学翡翠城分校的教师不是教书匠，而是“绿色成长”的推动者，是孕育梦想的导师。我们的教师不仅是教学能手，更是育人专家。为了提升教师团队的育人素养，我们特别注重课堂育人、活动育人、环境育人和管理育人，处处皆为育人之所，时时都是育人之时。另外，教师通过参加好书共享活动、读书沙龙、社团活动等，培养健康、雅致的兴趣爱好，从而提升自身的品位，丰富自身的心灵世界，过一种“慢而优雅”的生活。

(三)主动发展、快乐交往——有效推进德育工作顺利开展

德育是学校工作的重要内容。在德育方面，北京小学翡翠城分校做了大量工作，采取了一系列具有创造性的举措，形成了“主动发展、快乐交往”的学生文化氛围。所谓“主动发展、快乐交往”，是指学生在成长过程中要具有主动性、自主性，能够自立自强，同时能够感受到学习和生活的快乐，并在与他人的交往中感到快乐，从而拥有快乐的童年。

在常规德育工作中，学校结合自身特点，在借鉴北京小学总校丰富的寄宿教育经验的基础上，积极探索适合本校区寄宿管理的新思路和新方法，从而帮助学生在生活上和学习上养成独立自主的习惯。同时，教师在课堂上注重培养学生的倾听能力，要求学生在课堂研讨环节中先复述别人的发言要点或评价别人的观点，再表达自己的意见，使他们养成良好的沟通习惯，提高与人沟通的效率。学校一直以来非常重视培养学生的阅读习惯，通过开设课程、优化环境等方式不断为学生营造更好的阅读氛围。学校还为学生组织了丰富多彩的社团活动，为他们创设了不仅有趣而且有学习意义的课余生活。学校每学期都会根据学生的需求成立摄影、国画、气象观测、小记者、乒乓球、踢毽子、翻绳、剪纸、十字绣、衍纸、象棋等几十个社团。丰富多彩的社团活动既丰富了学生的课余生活，又锻炼了学生的自主学习能力和组织协调能力，为学生的发展拓展了空间。为了激发学生的主人翁意识，培养学生观察学校、参与学校事务的习惯，我们发起了“校长学生面对面”活动。另外，学校还组织了“学校是我家，爱护靠大家”活动，引导学生参与到爱护校园、美

化校园的活动中来。通过每年一次的读书节、科技节、艺术节、体育节、文化节、辩论节等，学生在活动中不断学习，不断成长。

北京小学翡翠城分校有一系列别出心裁的德育活动，如“成长纪念林”“新年心愿卡”“认识新朋友”“重回幼儿园”“自主发展月”“生命体验月”“一园一馆一实践”“异地游学”等。用学生熟悉的生活内容来创设活动，可以充分发挥师生的自主性和创造性，使德育活动具有教育实效。

为了推动德育工作的发展，学校推出了一系列评价活动，以考核和激励师生，具体包括“翡翠之星”评选、“三好生”评选、“健康小学生”评选、“卫生小达人”评选、“发现小能手”评选、“小干部”竞选、“红领巾奖章”评选等。

(四)自主本真、互动生长——创新课堂教学模式

课堂是教学的主阵地，课堂的模式怎样、氛围怎样、效果如何，决定了教学的质量和生命。北京小学翡翠城分校的课堂是自主、本真、互动的课堂，具有独特的内涵，拥有一系列机制和创新性的做法。

1. 将“自主本真、互动生长”的课堂文化定位在基本机制中加以落实

首先，学校要求教师遵守《北京小学翡翠城分校教学规范》，遵循学校的教学管理流程，即个人备课→集体备课→试讲(同轨班级一)→专家听课评课(授课教师班级)→修改教案→复讲(同轨班级二)→形成教案、课件→入资源库，按照这一流程开展教学活动。其次，督促教师养成写教学反思的良好习惯。教师应当每日或每周写反思，对教学进行系统总结。再次，鼓励教师充分利用公开课的机会，接受外来专家、骨干教师、学校干部、家长的观摩，并善于从别人的评价和建议中反观自己的教学。每个教师每学期都应开设一定数量的公开课，从而形成准备、展示和提升的学习机制。最后，学校以教研组为立足点，以团队为主体，开展共同学习、合作研究、互动提高的校本研训活动。鼓励教师积极融入各自所属的教研团队之中，积极参与本组、本团队所承担的各项活动或研究任务，在工作中贡献智慧，学会与人协作，并在团队中实现个人成长。

2. 通过教学管理的创新来提升教学质量

在这一点上，北京小学翡翠城分校已经取得了一系列成果。第一，为了提升教师的教学水平，学校通过四种“研究课”，即新教师的汇报课、新调入教师的亮相课、青年教师的研究课、骨干教师的引领课，来明确对课堂的要求，强化教师对“自主本真、互动生长”的认识，引导他们践行这一标准。第二，为了推动教师教学能力的长期发展，学校建立了“课程超市”的教学管理模式，即准备十几门包含各种梯度、各种内容的课程，由教师自行选择，或研修或开课，并在若干年内完成这些课程，实现教学能力的提升和突破。第三，针对学生在课堂上爱表达而不爱倾听的不良习惯，学校提出了“倾听能力培养”的研究项目，要求教师在教学中侧重培养学生的倾听能力。原则是引导学生认真听取别人的意见，学会尊重别人。具体做法是要求学生在发言之前复述教师的问题，复述同学的观点，并初步学会对他人的观点进行中肯的评价。目标是在听中培养交往习惯，在听中提升理解能力，在师生互动、生生互动中提高课堂效率。

对于课堂教学的评价，除了常规的学校评和学生评之外，学校每年还会举办“翡翠杯”“绿之杯”研究课比赛。每学年第一学期开展的“翡翠杯”赛课活动，是学科带头人和骨干教师的引领课，代表了学校课堂教学的最高水平，是教师期待的课堂盛宴。每学年第二学期开展的“绿之杯”课堂交流活动，是青年教师的亮相课，每次比赛中都会有很多新秀脱颖而出。

（五）自信亲和、开放自主——加强对外交流合作

北京小学翡翠城分校是奠基学生梦想的地方，但呵护学生的梦想不只是学校的事，也是家庭的事，还是全社会的事。所以，学校积极联合家庭和社会的力量，共同呵护学生，放飞梦想。

首先，加强家校合作，共同呵护学生健康成长。家长不仅是学校工作的关联对象，而且是学校教育的见证者、参与者、协作者乃至决策者。学校提出的口号是：让我们在陪伴学生成长的六年中成为永远的朋

友。为了将家长纳入学校教育中来，最大限度地发挥家长的力量，我们经过探索，建立了一系列家校共育的机制。它们在实践中发挥了巨大的作用，具体包括成立家长教师协会，确立“校长家长面对面”机制，设立“家长心苑”，编写《走进我们的家——家长手册》，搭建学校与家长沟通的各种在线平台等。学校也组织开展了一系列别出心裁的家校共育活动，如“家长开放月”“快乐家庭学习苑”“家长学堂”“家长讲堂”“家长义工”等，增进了家长对学校办学、学生成长的了解和认识，极大地调动了家长参与学校活动的积极性，激发了家长的能量，给学校管理和办学带来了积极效果。为了进一步推动家校合作，学校还开展了一系列“优秀家长”评选活动，如学校在每年的文化节(元旦)都会举行“好家长”(“家长翡翠之星”)评选活动，从全校众多家长中评出若干好家长，向全体家长公布，并载入学校发展史册。在评选活动中，学校设定了“最佳建议奖”“最佳合作奖”“最佳资源奖”“最佳育子奖”等奖项，力图将家长们方方面面的优异表现和良好做法呈现出来。另外，学校还为做义工的家长颁发“爱心大使”荣誉证书，用这种形式对那些志愿为学校付出、为学生服务的家长表达我们的敬意和谢意。

(六)开放童趣、自由舒展——注重环境文化育人

对于校园环境，北京小学翡翠城分校自成立以来就做出了整体规划，并分步实施，反复推敲设计方案，严谨施工，大大改善了校园环境，使校园环境不仅具有整体协调美，在细节上也呈现出大量的经典设计，从而形成了“开放童趣、自由舒展”的校园环境文化。①

作为一所新建校，北京小学翡翠城分校每年在硬件建设上的投入占学校大部分资金支出。在校舍建设方面，学校南、北两个校区建有教学楼 4 栋，楼高为 3～4 层，学生教室 42 间，室外操场 2 个，风雨操场 1 个。随着学生人数的增多，校舍空间已经很紧张。2017 年 9 月，学校

---

① 孙丽：《校园景观规划与人文教育的融合研究》，载《湖南城市学院学报(自然科学版)》，2016(3)。

图 1-3　北京小学翡翠城分校书香广场

将原本阳面的 6 间专用教室改为普通教室，对文体楼三楼重新装修，改为 6 间专用教室和 4 间活动室，并将所有的楼顶设置成空中花园，增大绿化面积，把有限的空间进行内部优化，以满足办学要求。在专业教室建设方面，学校针对不同年级分设阅览室，南、北校区分别建有古筝、钢琴、葫芦丝等器乐专用训练室，设置了科学、美术、音乐、信息技术及外教课程专用的活动室。学校还建有阶梯教室、录课室、校园电视台等，所用教育教学活动室均配有多媒体教学设备。在校园环境打造方面，学校从“绿色成长教育”的办学理念出发，将学生的成长需求与学校的环境布置结合起来，创造出许多富有教育意义和文化内涵的人文景观。我们将《绿野仙踪》中的四个角色——小狮子、铁皮人、稻草人、多萝西——引入校园文化设计中，用它们的可爱形象装点校园，让它们深入学生的内心，从而使它们所代表的美好品质在学生身上生根发芽。这四个形象在校园的不同角落出现，如在北校区校门内主题墙彩绘中和南校区校门内的群体雕塑中等，为学校注入了丰富的成长内涵。为了让学生拥有登上舞台的经历，学校设立了各种舞台，如艺术舞台、书香舞台、梦想舞台等，从而形成了特有的舞台创意文化。学校还在校园里比较空旷的地方建立了一系列广场，如科技小广场、艺术小广场等，从而为学生提供更多动手、锻炼和学习的机会。此外，翡翠书苑、师生风采墙、蓝色畅想走廊、成长林、悦读林、三翠亭、“绿色成长”水幕，以及各种具有翡翠城分校特色的墙壁益智游戏、户外玩具等，都体现了精心的设计，是“绿色成长教育”办学理念在校园环境文化层面的具体呈现和落实。

二、学校当前发展所面临的挑战与存在的不足

北京小学翡翠城分校的“绿色成长”办学体系已经逐步形成，并且在教育教学工作中起到了非常重要的作用，办学特色逐渐彰显，品牌化建设初见成效。然而，在当前的发展过程中，学校仍然面临一些问题和挑战。

（一）全区整体教育质量提升

大兴新区近年来采用依托名校办分校的形式整合资源，除北京小学翡翠城分校外，还先后引进多所名校，分批次、有计划地将本区优质教育资源的规模做大，依托北京师范大学、国家行政学院等高校创办附属学校，利用北京第二实验小学、北京市景山学校等名校办分校，区域内优质中学兴华中学建立一体化校区等多种形式，成功开办了多所小学。全区整体教育质量有很大提升，这在客观上促使我校不断地提高教学水平和教育质量。

（二）家长对学校办学质量的要求越来越高

从整体来看，北京小学翡翠城分校招生片区内的学生的家庭经济条件相对较好，家长文化水平相对较高。其中，香留园、青岛嘉园、旭辉御府、公园九里、康隆园、风景翠园、金惠园为北校区服务片区，该区域均为别墅区和高端社区；康乃馨城、丽园 C 区、马赛公馆、康和名居、圣和巷 7 号、康宜家园为南校区服务片区，该区域主要为经济适用房、两限房小区。在学生群体中，独生子女所占比例很高，在家庭教育过程中容易受到过度重视。家长对于学生的教育期望非常高，对于学校

的办学质量和办学水平要求也比较高，这种要求也进一步促使学校高度重视教育教学的每一个细节。

学生家长多为“80后”，其教育理念先进，对于国内外的教育理论和教育模式都有一定的认识，并且大多都能通过现代网络工具了解前沿教育形势。因此，他们显然不能满足于学校传统的教育教学模式。另外，周边名校办的分校不断出现，也为当地群众带来了更加先进的教育理念和教学模式，这进一步提升了家长对先进教育理念的认识，也为家长提供了可以比照参考的对象。

(三)学校办学历史较短，文化底蕴不够深厚

学校成立于2008年，至今虽已有11年的办学历史，但相对于其他拥有几十年甚至一百多年历史的名校来讲，学校的办学历史并不长，在文化积淀方面并不占优势，没有深厚的文化底蕴。这种差距是客观存在的。

从学校所处的地理位置来看，周围不可能有办学历史很长的学校。各种以名校办分校的方式来此办学的教育单位，虽然带有本部名校的文化基因，但从自身办学的历史来看，并不具有竞争优势。我校对于文化积淀的需求是毋庸置疑的，因为学校自身的长足发展也需要有深厚的文化底蕴来支持。

(四)年轻教师较多，教师团队需要进一步打造

学校教师趋于年轻化，平均年龄为30.5岁，35岁以下青年教师在整个教师队伍中的比例为65%。他们虽然工作态度积极，但却存在教学经验不足、教学能力不强、理念认同不够的现实问题。

教师人员编制相对紧张，教委借调和怀孕等情况会影响工作整体安排。男性教师资源紧缺，男女教师比例为1∶2。除体育教师外，班主任和主科教师多由女教师担任。一些教师不能很好地处理家庭和教学之间的关系，或偏重家庭，或偏重工作。[①]

① 高益民：《学校文化凝练》，19页，北京，教育科学出版社，2013。

教育的本质是育人，学校是育人的基本场所，而在学校开展育人工作最重要的就是要有育人的“内容”，也就是课程。然而，课程的制定不是随机的，而是受到特定的社会发展状况和学校发展状况制约的。在本章中，我们对北京小学翡翠城分校课程体系设置的宏观、中观和微观背景进行了分析。学校课程体系的设计，受到国家特定发展阶段对人才需求的制约，也受到学校的发展历史、现状和所面临问题的影响。课程体系的设计，既要不忘历史，也要着眼现实，更要面向未来。我们希望通过这一章的论述，帮助大家了解北京小学翡翠城分校课程建设的背景，为大家构建符合时代要求和学校育人需求的课程体系提供借鉴。

第二章

价值构建：课程的四维目标

课程目标是指课程本身要实现的具体目标和意图，它规定了期望某一教育阶段的学生通过学习课程以后在发展品德、智力、体质等方面实现的程度，它是确定课程内容、教学目标和教学方法的基础。所以说，课程目标是指导整个课程编制过程最为关键的准则，它有助于澄清课程编制者的意图，使各门课程不仅关注学科的逻辑体系，而且关注教师的教与学生的学以及课程内容与社会需求的关系。[①]

北京小学翡翠城分校的课程应该依据什么样的目标来构建呢？这是我们进行课程文化建设需要考虑的首要问题。如果课程目标不够清晰明确，那么就无法体现我校课程的价值追求，无法体现“绿色成长教育”办学理念的真正内涵。因此，全校教师在建校之初就开始思考如何确立课程目标的问题，这一问题不仅包括对国家课程标准的学习、理解和分析，而且包括对学校自身发展定位的思考。其实，在 2001 年基础教育课程改革中，教育部就已经对课程目标进行了重大调整，即用“课程标准”替代了原来的“教学大纲”，这不只是词语本身的改变，而且是词语所指的含义以及词语背后所隐藏的观念发生了实质性的转变，这种实质性的转变在课程目标上体现得尤为明显。

通过对“课程标准”和“教学大纲”的比较，我们可以发现，“教学大纲”强调以知识为中心，而“课程标准”突出的是学生在“知识与技能”“过程与方法”“情感、态度、价值观”三个领域的协调发展；“教学大纲”追求的是获得知识的多少，关注的焦点是学习的结果，是一种结果性目标，而“课程标准”更多地关注学习过程，强调学习过程本身的价值，它是一种过程性目标。课程目标从“一个中心”到“三位一体”，从结果性目标到过程性目标，应该说，这是 2001 年基础教育课程改革的重大突破。这一实质性的转变，是时代发展的必然要求。[②]

---

① 施良方：《课程理论——课程的基础、原理与问题》，92 页，北京，教育科学出版社，1996。

② 郑月：《核心素养视角下课程标准的推进与建设》，载《教学与管理(理论版)》，2018(11)。

课程目标的确定离不开对学校自身发展定位和办学特色的思考。经过全校教师的多次讨论和探索，学校将“勇气、博爱、智慧、梦想”确定为课程目标。学校的课程目标与《绿野仙踪》这本童话书的主题有着密切的关系，勇气、博爱、智慧、梦想正是童话书中四个主人公的品质，我们也是想从这几个方面来培养学生的核心素养。在这一课程目标的引领下，学校构建了富有自身文化特色的“绿色成长”课程体系，并进行了富有成效的课程教学工作。在本章中，我们将着重解读这一“四维目标”的具体内涵，并进而审视它们是如何影响课程体系的构建与实施的。此外，本章还将深入解读课程“四维目标”与中国学生发展核心素养、立德树人、培育与践行社会主义核心价值观、传承优秀传统文化等宏观教育大势的关系。

第一节　目标的来源：翡翠城、《绿野仙踪》与“绿色成长”

把教育目的、培养目标转化成课程目标，以此来指导整个课程文化建设过程，最终使其成为学生的学习经验，这是课程工作者的一项重要任务。基础教育课程目标的来源主要有三个：学生需要、社会需求和学科发展。在确定课程目标时，每一个来源都有具体的内容和相应的方法。学生是作为社会成员而存在于社会之中的，人的发展不能脱离具体的社会条件和环境，不能不受社会需求的制约。人的素质的提高、个性的发展，从根本上说，有助于推动和促进社会发展，满足社会需要，而学科的发展不仅是学生个性发展的需要，而且是社会发展的需要。

因此，学科知识的选择和编排必须依据社会需求并适应学生的身心发展规律。在制定课程目标时，我们应该把学生需要、社会需求和学科发展三者辩证地结合起来，统一起来，这样才能形成相互平衡的关系。我们在确定课程目标时，首先要明确课程与教育目的和培养目标的衔接关系，以确保这些要求在课程中得到体现；其次要在对学生需要、社会需求、学科发展等各方面进行深入研究之后再确定行之有效的课程目标。[①]

依据上述原则，我们围绕着“培养快乐生活、勇于探索的梦想少年”的育人目标，结合学生身心发展特点和学校的教育教学资源，确定了“勇气、博爱、智慧、梦想”这一四维课程目标。这一四维目标是学校根据办学资源、办学需求对《绿野仙踪》这一童话进行了创造性的吸收之后形成的一个价值体系。

一、美妙的缘分：课程目标与《绿野仙踪》

任何课程设置的最终目标都应指向学习者的身心发展，促进学习者的身心发展是课程的基本职能，课程目标的确定必须将学习者的需要作为重要的依据之一。北京小学翡翠城分校的课程目标的设置最初正是受到了关于成长的世界经典童话故事《绿野仙踪》的启发。

图 2-1　《绿野仙踪》舞台剧演出剧照

① 全国十二所重点师范大学联合编写：《教育学基础(第 3 版)》，170 页，北京，教育科学出版社，2014。

书中讲述了美国堪萨斯州的小姑娘多萝西的故事。多萝西与亨利叔叔、艾姆婶婶居住在大草原上。有一天，多萝西被龙卷风卷到了一个神奇而又陌生的国度——奥芝国。为了回到叔叔的身边（家园、归属），她去请教好心的女巫。女巫告诉她，应该到翡翠城去找伟大的巫师奥兹，请他帮忙送自己回家。去往翡翠城的路上并不是一帆风顺的，她先后遇到了没有头脑的稻草人（他需要一副脑子——智慧），没有心脏的铁皮樵夫（他需要一颗心脏——爱心）和毫无勇气与胆量的狮子（他需要胆量——勇气）。他们一路上成了好朋友，结伴而行，互相鼓励，互相帮助，战胜了一个又一个困难，终于到达了由无数块翡翠搭建起来的翡翠城。由于他们表现出色，奥兹帮助他们实现了各自的愿望：稻草人得到了一副脑子，铁皮樵夫得到了一颗心脏，小胆狮子得到了胆量。多萝西也如愿以偿，带着小狗托托回到了家乡，回到了亲人身边。

在这部童话中，四个主人公表现出了善良、勇敢的品质和为实现理想不懈奋斗的精神。在故事中，胆小的狮子在危险的时候会变得胆大起来，勇敢地与怪兽搏斗；铁皮人很有“爱心”，时时助人为乐；稻草人在情况紧急的时候脑子比谁转得都快；多萝西为实现自己的梦想而不断努力奋斗，从来都没有放弃，勇敢面对一切挑战……在这本书中，四个主人公的品质恰恰也是当今社会中小学生健康成长与发展的必备品质。因此，我们根据《绿野仙踪》中的人物，提炼出了学校的课程目标——“勇气、博爱、智慧、梦想”。我们就是要培养具有这些优秀品质的学生，鼓励他们通过自己的不懈努力，实现各自的美好梦想。

二、价值生成：《绿野仙踪》的教育意义

北京小学翡翠城分校的每一位教师都认真阅读了《绿野仙踪》这本书，他们努力挖掘其中的教育意义，并从中得到了很大的启发。故事中四个主人公的品质（勇气、博爱、智慧、梦想）对当今学生的成长起着非常重要的作用，有着重要的现实意义。

（一）勇敢的小狮子——“勇气”

童话中的小狮子非常胆小，没有自信，缺少勇气。在奥兹的帮助下，小狮子实现了自己的愿望，变成了一只勇敢的狮子。其实我们都知道，并不是奥兹实现了它的愿望，而是它自己在实践过程中一点点提高了胆量。在见到奥兹之前，它已经成了一只勇敢的狮子。

很多学生，由于家庭条件优越，娇生惯养，遇到一点困难就会退缩，或求助于他人，或直接放弃。例如，在我们组织的“定向猎狐”实践活动中，有些学生由于经受不住酷热和劳累的考验，在整个活动期间都躲在树荫下，根本就没有向着预定的目标努力，还有些学生在中途就退缩了，最终能够完成任务的学生很少。从这些方面可以看出，“勇气”应该是学生急需培养的一种品质，它对于每个人来说都是非常重要的。我们在应对一些有难度的事情之前，心中肯定会有所顾虑，会感到害怕，如果恐惧占了上风，我们就会失去信心，结果自然是做不好。但如果勇敢占了上风，我们就会专心去做事，最后虽说不是百分之百会赢，但最起码会有赢的机会。

有这样一个故事：一只老鼠总是愁眉苦脸，因为它非常怕猫。上帝同情它的遭遇，便施法把它变成了猫。老鼠变成猫后又怕狗，上帝就又把它变成了狗，但它又开始怕老虎，上帝就让它做老虎，可是它又担心会遇上猎人，最后，上帝只好把它变回老鼠。上帝说：“不论我怎么做都帮不了你，因为你缺乏面对现实的勇气，拥有的只是老鼠胆，所以你只能做老鼠。”缺少勇气的人，与成功总是无缘，最后注定只剩下叹息，后悔终老。

鲁迅先生曾经说过：“真的勇士，敢于直面惨淡的人生，敢于正视淋漓的鲜血……”在人生的道路上，如果你选择了退缩，那么你就输了。勇气是打开成功大门的钥匙，是成就英雄的试金石。古往今来，哪一位成功人士不是“勇”字当头呢？我们做任何事都要敢于面对失败，勇于承担失败的后果，只有这样才能有美好精彩的人生。很多时候，成功与否的关键就是是否拥有去做这件事的勇气。勇者并不一定是成功者，但成功者一定是勇者。现在的很多学生所缺乏的正是自信和勇气，因此我们就要努力培养学生的这种品质，让他们敢想、敢干，帮助他们树立信心，使他们敢于面对一切挑战，成为坚强、勇敢的人。

(二)有爱心的铁皮人——“博爱”

童话中的铁皮人认为自己没有爱心，需要一颗心脏，需要有宽广的胸怀。在奥兹的帮助下，铁皮人获得了一颗真正的心脏，他不再是冷冰冰的、没有感情的人了。实际上，在去往翡翠城的路上，他就已经是一个有爱心的人了，他处处为他人着想，不断帮助他人。铁皮人的品质就是“博爱”，爱能够让人心胸宽广。心中有了爱，再暴躁的人也会在爱的感召下变得柔情似水。拥有博爱精神的人能够在亲人、朋友，甚至不认识的人遭遇困难时伸出援助之手。中国人自古以来就推崇博爱厚德，提倡仁爱包容，如孔子的观点“仁者爱人”，孟子的主张“恻隐之心，人皆有之”。在西方社会，人们也同样主张“博爱”，正如弗洛姆所说的，“一切爱的形式都以博爱为基础”。

但是，现实生活中却存在着很多人情淡漠的现象，这些现象正是人们“博爱”品质缺失的表现。更让人感到忧虑的是，中小学校园里经常会出现一些欺凌现象。曾经有一段校园暴力视频在网上疯传，这段视频拍摄于男生厕所，一名身强体壮的男生殴打另外一名瘦小的男生，不断地进行拉扯和踢踹。现场有数十名学生围观，有的学生甚至嬉笑着说“别打他腮”“再来一遍”等。随后，那个身强体壮的男生又对那名瘦小的男生进行了拉扯和掌掴，其间还不时夹杂着脏话。通过对话可得知，打人者质疑被打者曾经向老师告他的黑状。如今学校欺凌事件时有发生，这种暴力倾向已经严重影响了学生的生活、学习以及身心健康，同时也给学校带来了不良影响，引起了家长、教师和社会的高度重视。施暴的学生没有博爱之心，旁观者的冷漠、起哄也是爱心缺失的表现。我们不禁反思：我们的博爱教育做到位了吗?

面对越来越多的校园欺凌现象，我们应该怎样做呢?教师不是只教会学生一些必要的知识技能就可以了，还应该教会学生如何做人，让他们学会博爱，学会包容，学会宽恕。当今的学生急需接受博爱教育。博爱是一种广博的爱，是平等的爱，是不分等级的爱。小学教育应该重视博爱教育，让每一个学生都能拥有一颗博爱之心。教师应教导学生爱集体，爱人民，爱生命，爱人类的生存环境，爱大自然，爱人类的劳动创造，爱文明进步，爱一切真善美的事物，要让他们认识到人与人之间应该是互相关心、互相帮助的。我们应善待他人，把自己心中的爱给予亲人，给予朋友，给予不认识的人，这样才能得到别人更多的帮助和回馈，生活才能变得更加幸福、美好。

(三)聪明的稻草人——“智慧”

童话中的稻草人认为自己是一个失败的、没有头脑的人，连鸟都吓唬不了，经常被嘲笑……稻草人就像是一个总觉得自己笨或不够聪明的学生，他的梦想就是拥有聪明的头脑，拥有智慧。稻草人的自卑和对于智慧的追求让人印象非常深刻。一个人所拥有的智慧，并不是一朝一夕形成的，而是在不断学习、不断实践和不断总结中积累的。就像故事中的稻草人，即使他遇不到奥兹，但只要在去往翡翠城的路上面对重重困难时能够积极思考，出谋划策，就能成为一个很有智慧的人。

智慧教育，就是让学生通过课程学习，在各种活动中通过合作、讨论、探究等方式去体验知识的魅力，积累丰富的经验，提高创新能力，做到用自己的智慧去解决生活中的问题。当今学生的很多事情都是由家长操办的。有需求时，他们不需要动手、动脑，只需要向家长提出请求就可以，这就使学生的学习力、思考力、创新力受到了严重影响，也使学生的智力发展受到了限制。有勇无谋是不可以的，因为即使我们有心想做善事，但如果不会智慧行事，也有可能会被他人误解，造成好心办坏事的恶果。亚里士多德曾经说过，真正的美德不可没有实用的智慧，而实用的智慧也不可没有美德。因此，做一名有智慧的学生显得尤为重要。

智慧比黄金更加宝贵，比珍珠更加美好，因为拥有智慧是获得一切财富的源头。因此，我们要构建智慧课堂，培养有智慧的学生，让所有学生都有不同于他人的价值，激发学生的好奇心、想象力、创造力，将他们的潜能发挥到极致，培养拥有“大智慧”的现代学生。

(四)有理想信念的多萝西——“梦想”

多萝西是一个纯真、勇敢、善良的小姑娘，她一直有一个坚定而美好的梦想，就是要回到叔叔和婶婶的身边，回到自己的家园。因为她一直坚信这个梦想会实现，所以她不惧危险和困难，最后在奥兹的帮助下圆了自己的回家梦。其实奥兹只是一个普通人，但他又是不普通的，因为他会给人们以指引和提醒，帮助人们激活自身的能量，挖掘自己的潜能，帮助人们找回自己。从多萝西可以看出，梦想是一种动力，是一种内在激励机制。一个有梦想的学生，就像在心中埋下了一颗种子，只等时机成熟，即可长成参天大树。

当被问及“你的梦想是什么”时，不少学生表示没有考虑过，或者不知道自己的梦想是什么，对自己的未来没有定位。这样的例子说明，当今的教育常常忽略了梦想教育。现代教育是工业文明的产物，通过教育这条生产线，学生像产品一样经过一道道工序源源不断地被输送到社会中去，像梦想教育这种注重培养学生的想象力和创造力、鼓励学生自己选择未来的教育往往被遗弃在无人问津的角落。

一个学生如果有梦想，就会有求知欲，就会对自己的未来有规划，就会对自己喜欢的事情更加执着，对生活也就会更有热情。中国有梦，民族有梦，这就是中华民族伟大复兴的中国梦。为了早日实现中国梦，梦想教育是关键。

综上所述，学校有着与《绿野仙踪》童话故事中同样的名字——翡翠城；有着同样的愿望——实现人生的梦想；有着同样的目标——让学生都具有爱心和智慧，用敢于拼搏的精神去实现自己的理想；有着同样的精神——团结互助、不畏艰难、勇于拼搏。故事中有这样一句话：“只要我们一直走下去，就一定能到达翡翠城。”“翡翠城”就是学生实现梦想的地方。正是在这种美妙的缘分中，也是在“翡翠城人”的运筹之下，学校课程目标的价值维度与内容形成了。

三、价值体现：四维课程目标与“绿色成长”

北京小学翡翠城分校是梦想开始的地方。由于名字的因缘，更是由于教育的因缘，学校与翡翠城、《绿野仙踪》之间发生了神奇的关系，与小狮子、铁皮人、稻草人、多萝西之间发生了神奇的关系。学校从童话中提炼出小学教育的内涵，从翡翠城之绿与《绿野仙踪》中得到启发，决定采用“绿色”一词来描述学校所追求的儿童成长内涵。于是，“绿色成长”一词产生了，并成为学校教育理念和文化体系的核心概念。

学校的四维课程目标“勇气、博爱、智慧、梦想”也很好地体现了“绿色成长教育”这一理念。“绿色成长教育”的最终目标是“培养快乐生活、勇于探索的梦想少年”，而要实现这一目标，学生需要具备勇气、博爱、智慧、梦想这四种优秀品质。可以说，学校的四维课程目标正是“绿色成长教育”办学理念的应有之义。

对于“勇气”的培养，实际上就是有关生命的教育。李政涛在《重建教师的精神宇宙》一书中指出：“作为教师，思考今日教育起点，不再是‘我们要给学生什么样的教育’，而是‘我们要给学生什么样的人生’。”[①]“勇气”是影响学生一生的重要品质，小学教育就要让每个学生在成长过程中收获更多勇气，从而变得更勇敢、更坚强，去面对长大后的各种困难与挑战，这也是学生自主的、可持续的成长，这也非常符合学校的“绿色成长教育”理念。

“博爱”也是一种影响学生一生的品质。博爱教育会告诉学生，不仅要学会爱自己，也要学会爱他人，只有我爱人人，才能人人爱我。心中有爱的人才能成为一个具有健全人格的人。在进行博爱教育时，我们不能仅仅停留在思想教育层面，还要把它融入生活之中、社会之中。“绿色成长教育”就是生活的教育、生长的教育，我们就是想让学生在这种

① 李政涛：《重建教师的精神宇宙》，4页，上海，华东师范大学出版社，2014。

绿色环境下拥有一颗爱心。教育不是万能的，但没有博爱的教育是万万不能的。我校会在“绿色成长教育”理念的指引下将博爱教育进行到底。

“智慧”有一种神奇的魅力，它对人一生的发展有着极其重要的意义。每个人拥有的智慧是不一样的，“绿色成长教育”提倡尊重每一个生命个体。学生的智慧会存在差异，但是我校教师会用不同的尺子来评价学生，鼓励学生，帮助他们树立信心，坚定信念，让他们变得更加自信，拥有更多的智慧。我们要发挥教育在成长中的引领作用，努力使教育符合学生的年龄及心理发展水平，这是一种生态教育。我们会更加关注学生的个性成长，遵循学生的发展规律，真正使学校的“绿色成长教育”理念落到实处。

梦想教育，关注的是学生的一生，是对美好未来的憧憬，也是一种生命的教育。每个学生的梦想可能都是不一样的，同一个学生在不同年龄段也会有不同的梦想。为了成就学生的梦想，我们会让学生在丰富的课程和活动中自然、自主、和谐地成长，让每个生命都精彩地绽放，都得到完美的发展，从而为学生实现梦想和拥有幸福的人生奠定基础，这也是“绿色成长教育”理念的完美体现。

“绿色成长教育”的办学理念明确了学校的发展方向，即在把握教育规律的基础上，更好地服务于学生的绿色成长。我们的课程目标是促使学生的成长呈现出自然、自主、全面、和谐、快乐、可持续的“绿色”形态，让他们实现绿色成长。

人们常说，教育是一种唤醒，不仅唤醒人的身体，还唤醒人的心智，但最难的是唤醒人的灵魂。有灵魂的教育才会造就有灵魂的人。为了让每一朵生命之花自由绽放，为了让每一个生命都成为最好的自己，北京小学翡翠城分校的每一位教师都会结合学校的“绿色成长教育”理念，在课程目标的引领下，把增强学生体质、发展学生心智和塑造学生灵魂作为教育的根本使命，让学生在“翡翠城”里快乐生活，成为勇于探索的梦想少年。

第二节　目标的内涵：课程目标及其课程导向作用

一个课程体系的目标有着丰富而深刻的内涵，其内涵决定着课程内容构建与教学实施的价值追求。课程目标，是指导整个课程编制过程的最为关键的准则，是指特定阶段的学校课程所要达到的预期效果。它有五个方面的规定性：第一，时限性，即课程目标要同特定的教育阶段相联系，不是对所有教育阶段预期结果的笼统规定。第二，具体性，即课程目标要详细描述学生身心发展的预期结果，明确学生所要达到的发展水平。第三，预测性，即课程目标所描述的结果是预期性的，不是实际结果，是学生发展状态的理想性规划。第四，操作性，即课程目标是明确的，可以付诸实践的，不是一般性的规划，与教育目的不同。第五，指导性，即课程目标是具体的教育培养规格的实施，它要有较强的实用价值和指导作用。①

科学制定的课程目标具有很强的导向功能。课程目标的导向功能主要包括四个方面：第一，为课程内容的选择提供依据。判断什么知识最有价值应以课程目标为重要依据。第二，为课程组织提供依据。把课程组织分为什么样的类型(如学科课程或经验课程，分科课程或综合课程，必选课程或自选课程)，这在某种程度上取决于课程目标，因为目标反映了特定的教育价值观。第三，为课程实施提供依据。课程实施过程在某种意义上是创造性地实现课程目标的过程，因此，课程目标必然是课程实施的重要依据。第四，为课程评价提供依据。课程评价是指用一种标准对课程进行价值判断，而课程目标则是这种价值判断的基本标准。②

---

① 教师资格认定考试编写组：《教育学》，138 页，北京，北京师范大学出版社，2008。

② 靖国平：《课程与教学论教程》，33 页，武汉，华中科技大学出版社，2012。

北京小学翡翠城分校的课程目标是“勇气、博爱、智慧、梦想”，每一个课程目标都有着丰富的内涵。根据这一四维课程目标，学校构建起与之相契合的包括“小狮子系列课程”（健康类）、“铁皮人系列课程”（人文类）、“稻草人系列课程”（艺术类）和“多萝西系列课程”（科学类）在内的课程内容与课程体系。从四个育人目标出发构建四类课程体系，一方面是因为相应课程的设计主要考虑了育人目标的设定，另一方面也是为了使课程体系看起来更加清晰。但需要说明的是，从教育的角度来说，任何一类课程的效果都是综合性的，培养“勇气”的“小狮子系列课程”同时也可以培养学生的“博爱”“智慧”和“梦想”等品质，而与“博爱”“智慧”和“梦想”相关的“铁皮人系列课程”“稻草人系列课程”和“多萝西系列课程”也都对其他三个课程目标的达成起着促进作用。本节将着重分析这一四维目标的内涵及其课程导向作用。

一、“勇气”

作为四维目标之一的“勇气”，主要是指当我们面临恐惧或不确定因素，身临险境或感到脆弱时的行动能力。围绕这一品质和能力，我校结合《绿野仙踪》中的小狮子形象，构建了“小狮子系列课程”。

图 2-2　足球比赛

（一）“勇气”的内涵

勇气，从外在看表现为勇往直前、无所畏惧的气魄，从内在看表现为大智若愚、大勇若怯的内涵气质。人们在生活中处处需要勇气，无论遇到什么困难，都要有勇气去面对。英国首相温斯顿·丘吉尔说：“勇气是人类最重要的一种特质，倘若有了勇气，人类其他的特质自然也就具备了。”很多人之所以成功，并不是因为他们天生就有过人的智慧，而是因为他们有足够的勇气去面对挫折，去克服困难。

在竞争日益激烈的当今社会，面对从小在温室中成长的那些学生，我们的教育该如何定位？是否仍将智育摆在首位？拥有丰富科学文化知识的人才越来越多，可真正成功的又有几人？而在没有获得足够科学文化知识的人中，获得成功的人也未见得少。我们认为：智育只能为人生的成功提供可能，或者说是提供最大的可能，而勇气（激情、毅力、梦想等意志品质）才是决定人生成败的关键！因此，让学生充满信心，勇于探索、勇于实践、勇于担当、勇于拼搏就成为学校课程的目标之一。

（二）“勇气”的课程导向作用

“勇气”这一价值及其内涵，对我们的课程体系影响很大，不仅影响着课程内容的选择和构建，而且影响着课程的实施与评价。依据“勇气”这一课程目标，学校开设了“小狮子系列课程”，旨在培养学生“勇敢”的品质。“小狮子系列课程”包括基础类课程（体育、心理健康教育），拓展类课程（乒乓球、羽毛球、笼式足球、健美操等），以及特色类课程（篮球和排球等），另外学校还举办了“勇气课程”主题实践活动、体育节等，目的是让学生在这样的课程活动中锻炼意志，培养克服困难的勇气，体验到体育运动带来的快乐。学生在课程活动中不仅增强了体质，还收获了勇气、合作、关爱、友谊等珍贵的精神财富。

勇气是挑战困难、勇往直前、永不言败的精神力量，是学生应该具备的重要品质，这不仅关系到强国立业，也关系到学生的幸福人生。为此学校一直把“勇气”这一课程目标融入各个课程之中，把这一品质作为学生修炼的重要内容加以贯彻落实。例如，篮球课就是在激发学生兴趣的同时，让每一个学生都能体验到成功的乐趣，培养学生努力拼搏、不怕困难、勇往直前的意志品质。冬天在室外上体育课时，有些学生想尽办法请假不参加锻炼，这对于自我锻炼、强身健体是十分不利的。学校决定从严格要求开始，逐渐让他们发现锻炼的好处，提高他们克服困难的勇气。学校规定，不参加锻炼的学生必须得到校医的诊断后才可以请假，请假的难度加大后，自然就有一批装病的学生不再请假。学校也和个别学生的家长进行沟通，了解学生的真实身体状况。现在体育锻炼的出勤率明显提高了。为了激励学生，我们在期末增加了“健康小达人”评选活动，这增强了他们坚持锻炼的信心和勇气。每个生命都一样，但是，生命的价值取决于自己。我们只要有勇气，敢于直面挫折，就会大大提高自己的生命价值。

为了培养学生的勇气，学校还开展了“勇气课程”主题实践活动，重点就是让学生了解勇气的内涵，即敢作敢为、毫不畏惧的气概；敢于向亲人、朋友表达自己的心意，敢于展现自己，挑战自己；勇于承认错误，承担责任；敢于突破现状，挑战权威等。各个班级通过丰富多彩的活动来锻炼学生，如让每个学生都向亲人、朋友、祖国表达自己的爱意，让学生尝试做自己从未做过的事情，让学生在集体面前展现自己等，从而让学生学会克服胆怯心理。

学校的游学课程是“小狮子系列课程”中很重要的实践活动项目之一。学校定期组织学生到外省市甚至国外参加游学活动。游学活动对于学生的适应能力、沟通能力、自理能力都是一种挑战。在游学过程中，他们勇于表现自己，敢于担当，勇于实践。事实证明，这样的游学活动会让学生感悟深刻，获得深刻的成长体验，使他们更加自信、勇敢，使他们的综合能力得以提升。

总之，学生想学的，教师尽量教给他们；学生喜欢做的，学校尽量满足他们；学生害怕的，学校尽量创造机会让他们去面对。北京小学翡翠城分校的教师们最常说的话是：“你自己决定！”“你自己去做……”这些是教师的教育习惯。当然，在侧重培养勇气的同时，教师也要使学生懂得，在遇到困难时不能只会恃勇蛮冲，还要学会灵活变通，适当放弃，做到“智勇双全”。学生需要接受勇气教育，在学习了“勇气”课程之后，无论其文化水平如何，他的人生一定会是精彩的、成功的。

二、“博爱”

“博爱”作为“绿色成长”课程体系的四维目标之一，是指广泛地爱一切人，并在此基础上，爱身边的一切事物，由近及远，推己及人，由人及物，让整个世界充满爱。围绕这一品质，我们结合《绿野仙踪》中的铁皮人形象，设计了“铁皮人系列课程”。

(一)“博爱”的内涵

马克思认为，人的本质在于人的社会性。人是一种群体动物，个体不能脱离群体而存在，人们在各种社会关系中不断塑造自己。爱是不受时空、阶级限制的，是人类社会中永恒不变的因素。孔子提倡“泛爱众”，这种爱就是一种普遍无差别的对人的关爱，也就是博爱。孙中山在《军人精神教育》中说：“博爱云者，为公爱而非私爱，即如‘天下有饥者，由己饥之；天下有溺者，由己溺之’之意。”博爱是指广泛地爱一切人，“不独亲其亲，不独子其子”，“老吾老，以及人之老，幼吾幼，以及人之幼”，是一种崇高伟大的爱。

古人云：“德高莫高于博爱人，为政莫高于博利人。”美国文明之父爱默生说：“我们必须博爱众生，这样一来不可能的事就变为可能。”我们要教导学生以感恩之心，见之于博爱之行，学校会通过各种教育，让学生学会关心他人，学会感恩在生活中给予自己帮助的人，学会爱别人，特别是爱身边的同学，同时也要让学生认识到班级、学校、家庭、大自然、祖国的美好，从而激发他们对同学、教师、学校、家人、大自然及祖国的爱，让他们成为博爱之人。

(二)“博爱”的课程导向作用

依据“博爱”这一价值及其内涵，学校开设了“铁皮人系列课程”。

“铁皮人系列课程”旨在培养学生的爱心，包括基础类课程(语文、英语、品德与社会、品德与生活、“大兴——我的家”)，拓展类课程(电影欣赏、红通社小记者、义薄云天曲艺社、金话筒等)，特色类课程(茶艺、中医药、书香时刻等)。学校还开设了“博爱”主题实践课程，通过这些课程培养学生的博爱之心，让他们做到爱祖国，爱家乡，爱生活，爱文明，爱传统文化等，真正成为博爱之人。

图 2-3　茶艺课程

例如，茶艺课程的开设就是为了让学生了解祖国的传统文化，热爱祖国的传统文化，将中华优秀传统文化植根于学生心中。学校根据各学段学生的认知特点，结合“绿色成长教育”理念和课程目标设计教学要点，使知识、德育相互衔接，层层深入，螺旋上升，融为一体。在小学低年级，以培育亲切感为重点，开展启蒙教育，让学生感受中华优秀传统文化的丰富多彩。在小学高年级，以提高感受力为重点，开展认知教育，通过介绍茶的历史、茶艺、茶的分类等，让学生爱上中国的茶文化，爱上中国的传统文化。

另外学校还开展了“博爱课程”主题实践活动。例如，以“生命教育”

为主题的实践活动，内容纵贯一至六年级，在不同的年级有不同的活动主题，让学生在活动过程中感悟生命的美丽与重要，感知生命的意义与价值，从而更加热爱生命，热爱生活。六个年级的主题分别是：一年级——“认识生命，感恩父母”；二年级——“热爱自然，感恩学校”；三年级——“呵护生命，保护自己”；四年级——“健康生活，关爱生命”；五年级——“尊重生命，热爱生命”；六年级——“生命一课，爱之永恒”。学校通过这样的系列教育让“爱”真正扎根到了学生的心里，真正做到了让学生绿色、健康地成长。

根据学科特点和课程目标，学校结合“博爱”课程目标设定了课程的绿色评价指标和评价项目，如评选“文明小使者”“爱心大使”“服务小明星”“环保小卫士”“翡翠之星”等。同时，学校积极探索符合“绿色成长教育”理念的多样化的评价方式。各学科教研组量身定制了丰富多彩的能力测试项目，如英语学科的口语展示，语文学科的阅读分享、课本剧表演等，数学学科的数学日记、手抄报展示，红通社小记者的现场采访等，通过评价激发学生的学习兴趣，让他们热爱学习，热爱祖国的文化。

三、“智慧”

智慧，即辨析判断、发明创造的能力，在学生阶段主要表现为运用所学知识和经验等解决问题的能力。教育的目的就是通过知识的传授和逻辑思维的锻炼来提升受教育者解决问题的能力，使受教育者成为一个有智慧的人。围绕这一品质，我们结合《绿野仙踪》中的稻草人形象，设计了“稻草人系列课程”。

(一)“智慧”的内涵

智慧是人们运用知识、经验、能力、技巧等解决实际问题和困难的本领，是人们对历史和现实中的个人生存和发展状态进行积极审视，以及对当下和未来事物发展的可能性进行明智的判断与选择的综合素养。智慧教育，就是要使学生通过课程学习获得知识和经验，并掌握一些解决困难和实际问题的技能，让他们的思维变得更灵敏。

薄伽丘曾说："人类的智慧就是快乐的源泉。"智慧不仅是快乐的源泉，也是学生走向成功的基石，所以在各门课程中，教师都注重引导学生多动手，多探究，多合作，多思考，让学生在不断地学习和实践过程中提高想象力和创造力，增长智慧。可以说，我校的每一个学生，在做事之前都会认真思考，做事时都很严谨缜密，他们对自己充满信心，所以我们每天都能看到学生脸上洋溢着自信的笑容。

(二)"智慧"的课程导向作用

"智慧"作为课程目标之一，对课程体系的构建有着重要的影响。依据"智慧"这一课程目标，学校开设了"稻草人系列课程"。"稻草人系列课程"旨在培养学生的"美感"，增长学生的"智慧"，其中基础类课程有音乐、美术，拓展类课程有色墨艺香书画社、衍纸、我行我绣、纸部落等，特色类课程有舞美、钢琴、葫芦丝等。

图 2-4　书画社团

例如，学校的美术课，以智慧为主线，以创意为辅线，以学生为主体，以美术为载体，针对不同年龄段的学生，设计不同的课程、活动及教学方式，围绕“感恩智慧”“分享智慧”“创造智慧”“空间智慧”“未来智慧”，激发学生的智慧和创意潜能。教师采用生动活泼的教学方式把学生引入专业的绘画创作中去，着力培养学生的独立创作能力，充分发挥学生的想象力、创造力，帮助学生掌握绘画表现手法，使其逐渐能够独立创作，不断提高学生的艺术修养。

艺术教育具有启迪智慧、发展创新思维的作用。在艺术课上，教师注重引导学生用眼睛去观察，用耳朵去倾听，用心去体会，这是训练学生由形象思维上升到逻辑思维的过程。有些家长可能会认为只有数学、语文等学科才能开发学生的智力，其实艺术也可以。当学生在接受艺术熏陶的同时，也会受到美的启迪，从而激发创造美、开拓新事物的美好愿望。在艺术课程实施过程中，无论是乐器、舞蹈等课程，还是书法、绘画等课程，都是通过具体的可感知的艺术形象来有创造性地再现社会生活中的现实情景的，这个过程需要学生具有敏锐的观察力、丰富的想象力、独特的创造力等，所以说艺术教育可以促进学生智力的全面发展。

艺术课程是增长学生智慧的重要途径，是实施素质教育的重要内容。当前，艺术教育中存在一些偏离教育方向的现象，如重视提高，忽视普及；重视比赛，忽视教学；重视艺术尖子人才，忽视面向全体学生；重视艺术比赛的结果和成绩，忽视活动本身的育人功能等，这些都不利于人才的培养。没有不行的学生，只有不一样的学生。我校为学生提供了广阔的成长空间，我们用多元化的评价标准去推动学生的多样化发展，让他们在各自的舞台上舞出自己的精彩，快乐、充分、自然地成长。在这样的舞台上，他们会不断提高自己的艺术修养以及想象力和创造力。

四、“梦想”

梦想引领方向，梦想成就人生。心中怀有梦想，脚下就有力量。每一项成功的事业背后都有一个伟大的梦想在支撑。北京小学翡翠城分校，就是一个梦开始的地方。学校里的每一个学生都拥有美好的梦想。围绕“梦想”这一主题，结合童话《绿野仙踪》中的多萝西人物形象，我们构建了“多萝西系列课程”。

(一)“梦想”的内涵

梦想是对未来的一种期望，是一种让人感到坚持就是幸福的东西。每个人都会有梦想，它是每个人心中最崇高的净土。一个人只要有了梦想，就有了前进的动力，就会充满热情和希望，人生也会变得更有意义。

从宏观层面来讲，每一个国家都有一个共同的梦想。在十三届全国人大一次会议上，习近平总书记强调，中国人民是具有伟大梦想精神的人民。只要13亿多中国人民始终发扬这种伟大梦想精神，我们就一定能够实现中华民族伟大复兴。在几千年的历史长河中，中国人民始终心怀梦想，不懈追求。上古时期，面对极端恶劣的生存条件，先人们积极改造自然，努力建设美好家园，敢于追逐梦想，盘古开天、女娲补天、伏羲画卦、夸父逐日、精卫填海、愚公移山等神话传说，深刻反映了中国人民勇于追求和实现梦想的执着精神。随着社会经济的不断发展，中国人民不仅渴望宽裕殷实的“小康”生活，而且追求“大同”理想。《礼记·礼运》有言：“大道之行也，天下为公，选贤与能，讲信修睦。”这样的理想追求，已经深深融入中华民族的血脉。近代以来，实现中华民族伟大复兴成为中华民族最伟大的梦想。这一梦想内涵丰富，意蕴深远，其本质是国家富强、民族振兴、人民幸福，体现了中华儿女的共同心声。①

从微观层面来讲，每个人都有一个属于自己的梦想。纪伯伦说过：“我宁可做人类中有梦想和有完成梦想愿望的、最渺小的人，而不愿做一个最伟大的、无梦想、无愿望的人。”从这句话中我们可以看出梦想的重要意义，如果我们的学生没有了梦想，他们会失去为之奋斗的目标，也就没有了前进的动力。相反，有了梦想的指引，他们就能不断地前

① 贾玉娥、张涌：《始终发扬伟大梦想精神》，载《河北日报》，2018-11-21(7)。

进，不断地超越自己，对未来充满希望和信心，拥有了梦想，就拥有了成功的一半。为了梦想，人们可以不顾一切，孜孜以求，甘洒血汗，所以学校就要将学生培养成敢于筑梦、追梦、圆梦的“梦想少年”。学生有了梦想就有了奋斗目标，就会鼓起勇气，运用自己的聪明才智克服千难万险，通过不断努力让梦想成为现实。可见，拥有梦想的人就会拥有一种无形的力量，人类因梦想而伟大，人生因拼搏而精彩，梦想能引领人生，拼搏会创造传奇。

（二）“梦想”的课程导向作用

梦想对一个人有着重要意义，结合“梦想”这一课程目标，学校开设了“多萝西系列课程”。将来的社会一定是一个高度现代化、科技化的社会，学生未来的梦想也是在科技发展的背景下形成的。我们要用科技成就学生的梦想。“多萝西系列课程”旨在培养学生的自主能力和科技创新能力，具体课程包括基础类课程（数学、科学、信息技术），拓展类课程（气象观测、DIY 动手做、美妙的瞬间等），特色类课程（实验梦工厂、拆着玩儿、航模、海模、单片机、机器人等）。我们要让学生通过课程学习获得一些科技知识，并让他们拥有一个健康、科学的梦想。把学生培养成创新型人才是时代的要求，是社会发展的需要，培养学生的科技创新能力任重道远，所以我校教师不断地转变教育理念，探索新的教学模式，开辟新的教育途径和教育形式，鼓励学生创造发明，提高学生的创新意识，把他们培养成实现我国科学技术现代化的后备军。

图 2-5　“美妙的瞬间”摄影社团

培养小学生的科学素养是全面实施素质教育的要求。我校为学生提供了学习科学技术的机会，使他们在知识与技能，过程与方法，情感、态度与价值观方面得到协调发展。学校以玩科技、科技竞赛为主要方式来激发学生对科技的兴趣，培养学生的创新能力。教师还开发了实验梦工厂和拆着玩儿两门校本课程，并将其列入三、四年级课表，让学生在拆装实验中感受科学的奥秘，提高创新与探究意识。学习了这两门校本课程后，学生的知识面扩大了，视野拓宽了，动手操作能力提高了。学生在观察、探究、实验、合作中摸索出了学习科学的好方法，逐渐成为科学爱好者，为实现他们的梦想奠定了坚实的基础。

第三节　目标的教育导向(一)：培养学生的核心素养

进入 21 世纪以来，随着时代对学生学习能力的新要求，各国(地区)便都开始注重对学生核心素养的培养。自经济合作与发展组织提出基于核心素养的课程结构模型之后，美国、英国、日本、芬兰、新加坡、苏格兰等国和我国的台湾地区先后进行了课程标准研究，力图寻找适合本地情况和学生发展的需要培养的关键能力。例如，美国提出的 21 世纪技能和联合国教科文组织提出的未来教育的四大支柱，都意在强调对学生的学习、生活、做事、做人等能力的培养。于是，在一些国际组织和海外有效研究的推动下，基于核心素养的课程设计逐渐成为国际共识。①

1978 年，我国第一次提出“素质教育”的概念。2014 年，教育部正式颁发《关于全面深化课程改革落实立德树人根本任务的意见》，首次提出“核心素养”的概念，核心素养的培育在教育界受到广泛关注。以北京师范大学林崇德教授为代表的研究团队自 2013 年开始就在教育部的委

① 林崇德：《构建中国化的学生发展核心素养》，载《北京师范大学学报(社会科学版)》，2017(1)。

托之下，对我国的核心素养进行专业性的研究，经过三年的努力，于2016年出版了《21世纪学生发展核心素养研究》一书，这标志着中国学生发展核心素养总体框架的正式发布。核心素养再次成为我国教育界的一个热点问题。

学生的核心素养与课程改革关系密切，因而各地各学校在推进课程建设时是无法避开核心素养这一话题的。北京教育科学研究院基础教育研究中心、华东师范大学钟启泉教授在《核心素养的“核心”在哪里——核心素养研究的构图》一文中谈道：“在新一轮基础教育课程改革中，迎接课堂转型的挑战，难以绕过‘核心素养’这一重要问题。因为学校教育是面向未来的事业，国民核心素养的培育是至高无上的课题，核心素养指导、引领着中小学课程教学改革实践。没有核心素养，改革就缺了灵魂。”[①]核心素养分为文化基础、自主发展、社会参与三个方面，综合表现为人文底蕴、科学精神、学会学习、健康生活、责任担当、实践创新六大素养，具体细化为18个基本要点。各素养之间相互联系，互相补充，相互促进，在不同情境中整体发挥作用。

核心素养的提出，其实解决的是我们到底要培养什么样的人的问题。北京小学翡翠城分校的四维课程目标作为学生的“核心素养”，其目标就是要让学生不仅获得个体发展，还要具备适应社会的基础能力，并能够运用大智慧去解决生活中出现的矛盾与冲突。因此，我校的四维课程目标实际上是从不同维度体现了学生发展需要具备的核心素养。落实四维课程目标的过程，其实就是将学生应该具备的核心素养融入各个课程目标之中的过程。

一、“勇气”与责任担当、实践创新

勇气，作为学校的课程目标之一，就是要培养学生勇于探索、勇于

---

① 钟启泉：《核心素养的“核心”在哪里——核心素养研究的构图》，载《中国教育报》，2015-04-01(7)。

实践、勇于担当、勇于拼搏、不畏艰难、勇往直前的精神，提高学生的实践能力和创新意识，这实际上就是核心素养中“社会参与”的具体表现。社会参与对应责任担当和实践创新两个素养，培养学生勇气的“小狮子系列课程”可以说是把中国学生发展核心素养中的责任担当和实践创新都融入进去了。

(一)“勇气”与责任担当

2014年1月22日，习近平总书记主持召开中央全面深化改革领导小组第一次会议时强调：“要强化改革责任担当，看准了的事情，就要拿出政治勇气来，坚定不移干。”从这里我们可以看出，责任担当是需要勇气的。四维课程目标中提到的“勇气”，不能简单地被等同为勇敢，它是一种担当，尤其是对社会责任的担当，具体表现为学生在处理与社会、与国家等的关系时所形成的情感态度、价值取向和行为方式，包括社会责任、国家认同等基本要点。北京小学翡翠城分校的学生会在“勇气”目标的引导下变得敢于向困难挑战，不推卸责任，成长为有理想信念、敢于担当的人。

(二)“勇气”与实践创新

在飞速发展的当今社会，拥有创新精神显得尤为重要。只有拥有创新精神的国家，才能让自己立于世界强国之林。创新需要勇气。很多科学家在科研道路上都曾遇到重重困难，他们在资料缺乏、经验不足的条件下，在别人的质疑声中，敢于迎着困难上，坚韧不拔、锲而不舍，一步一个脚印，他们不仅借鉴前人的经验，而且勇于挑战权威，突破自我，从而实现创新。“实践创新”是需要勇气的，因此我们的学生必须要具备创新的勇气，有了这种勇气，才敢大胆去实践，大胆去创新。学校把勇气定为课程目标之一，就是要让学生在课程和实践活动中敢想、敢说、敢做，敢于大胆创新，在课程实践活动中勇于解决问题，迎接挑战，激发创新精神，提高实践能力，从而实现个人价值。我校对学生勇气的培养，就是中国学生发展核心素养中的“实践创新”养成教育。社会瞬息万变，竞争日趋激烈，一个人如果总是习惯于循规蹈矩，那么他将不会有任何进步，并最终被社会淘汰。只有具备勇气、敢于创新的人才能紧跟时代步伐。我们相信，通过学校的勇气教育，学生能够变得敢于发现和提出问题，有解决问题的兴趣和热情，能依据特定情境和具体条件制订合理的解决方案，成为勇于实践、敢于创新的强者。

二、"博爱"与责任担当、健康生活

博爱教育的目标是使学生的心中有爱，心存感恩，以感恩之心，见于博爱之行。爱是无私的奉献，它如一股清泉、一股热流，穿透人的心田。其实爱除了是奉献以外，它还是一种责任。一个人活着就必定有自己的理由，那就是肩上所背负的责任，而这种责任就是建立在爱之上的，爱也是一种责任担当。

(一)"博爱"与责任担当

博爱教育与核心素养中的"责任担当"有着紧密的联系。在博爱教育中，我们要求学生诚信友善，宽和待人，孝敬兄长，有感恩之心；爱祖国，爱人民，爱环境；具有国家意识，自觉捍卫国家主权、国家尊严和国家利益；热爱中华民族的优秀文明成果，弘扬中华优秀传统文化和社会主义先进文化；理解、接受并自觉践行社会主义核心价值观，具有中国特色社会主义共同理想，有为实现中华民族伟大复兴而不懈奋斗的信念。

"爱"不是一句口号，而是要付诸行动的。爱，让责任变得理所当然，也让人们觉得付出亦是一种幸福，所以说博爱教育就是要培养具有"责任担当"的人。我们会通过博爱教育让学生心中充满爱，让学生变得勇于承担责任。

(二)"博爱"与健康生活

博爱体现为一种爱的能力，它需要人们有坚定的信念和强大的内心力量。博爱之人一定是乐观的，他们经常处于积极的状态，能够拥有健康的生活。

在博爱教育中，我们首先要进行生命教育，让学生通过学习理解生命的意义和人生的价值，让学生珍爱生命，养成健康文明的行为习惯和生活方式。博爱之人拥有健全的人格，具有积极乐观的心态，他们自信自爱，有自制力，能调节和管理自己的情绪，具有抗挫折能力。他们的兴趣广泛，生活中总是充满欢声笑语，这些正是中国学生发展核心素养中"健康生活"的具体体现。

三、"智慧"与人文底蕴、科学精神

拥有智慧的人必定拥有深厚的人文底蕴，能够洞彻社会规律和人生真理，能够对人生价值和人类命运有深入的理解。拥有智慧的人也是具有科学精神的人，只有持续开拓创新，才能不断提高解决问题的能力。

(一)"智慧"与人文底蕴

"智慧"需要文化底蕴的支撑，文化是人存在的根和魂，所以学校非常重视夯实学生的基础知识，带领学生习得人文、科学等领域的知识和技能，掌握和运用人类优秀智慧成果，涵养内在精神，追求真善美的统一，使其成长为有深厚文化基础、有更高精神追求的人，这些就是中国学生发展核心素养中"人文底蕴"的体现。北京小学翡翠城分校的教师们会从用心传承传统文化、用情传播书香文化、用力传递互联网文化等方面去浸润学生的言行。学生耳濡目染，心智必将是成熟的，情感必将是纯净的，意志必将是经得起磨砺的，这样的人将是有文化内涵的人，是科学精神与人文精神结合的典范，这种教育实际上就是在落实核心素养中的"人文底蕴"。

(二)"智慧"与科学精神

课程目标中的"智慧"，不仅体现在让学生学习各个领域的文化知识，还体现在注重把学生培养成为有深厚文化基础、有更高科学精神追求的人。教师鼓励学生在实践中大胆尝试，积极寻求有效的问题解决方法，遇到困难能做到独立思考，独立判断，能多角度、辩证地分析问题，并做出科学合理的选择和决定。这些就是中国学生发展核心素养中“科学精神”的体现。科学精神就是学生在学习、理解、运用科学知识和技能等方面所形成的价值标准、思维方式和行为表现。我校的教育理念就是把学生培养成具有好奇心和想象力，能不畏困难，有坚持不懈探索精神的人，使学生能正确认识和理解学习的价值，具有积极的学习态度和浓厚的学习兴趣，使学生养成良好的学习习惯，具有经常审视自己学习状态的意识和习惯，并善于总结经验。我们鼓励学生自由探索，主张在真理面前人人平等，对不同意见采取宽容的态度，不迷信权威。我们提倡怀疑精神、批判精神和不断创新进取的精神，这些正是核心素养中“科学精神”的完美体现。

四、“梦想”与学会学习、健康生活

“梦想”引领人生方向。每个成功的人都是在梦想的指引下最终成为自己理想中的样子的。人的成长过程就是梦想不断实现的过程，而实现梦想的过程也是不断学习的过程。只有不断学习，我们才能解决生活中出现的各种问题，迎接生活中的各种挑战。朝着梦想奔跑的生活，是一种积极乐观的健康生活。

（一）“梦想”与学会学习

“梦想”是对未来的一种期望，是自己发展的目标，是一种让人感到坚持就是幸福的东西，它甚至可以被视为一种信仰。大部分人的梦想是希望能够通过努力过上幸福的生活。梦想是美好的，但是要实现梦想必须要付出努力，对于学生来说就是不断地学习。学校课程目标中的“梦想”就是让学生“学会学习”，通过努力学习，达到自己的目标，实现自己的梦想。在学习过程中，我们要使学生正确认识和理解学习的价值，具有积极的学习态度和浓厚的学习兴趣，养成良好的学习习惯，掌握适合自己的学习方法，自主学习，具有终身学习的意识和能力，能够善于总结经验，能够根据不同情境和自身实际，选择或调整学习策略和方法等。

学生只有具备了以上能力，才可能实现梦想。梦想对于不会学习的人而言就是“空想”，很难实现。我校的课程目标与中国学生核心素养中提到的“学会学习”不谋而合，都是想培养热爱学习、勤于思考的学生。如果学生只会学习，没有目标，就缺少了方向，时间长了就会缺少学习的动力；如果只有目标，而不会学习，也很难达成目标。因此，我们要培养的是为了实现梦想而不懈努力的学生，这也是对国家提出的中国学生发展核心素养的落实。

(二)“梦想”与健康生活

梦想不是幻想，它是根据自己的实际情况，综合各方面条件制定出来的奋斗目标。学校的梦想课程，就是想通过课程学习让学生能够认识自己，悦纳自己，相信自己，完善自己，努力做更好的自己，让学生能够合理规划时间、规划人生，并向着既定的目标努力，做怀揣梦想的“翡翠少年”，让学生始终处于“健康生活”的状态。这里强调的是学生的自主发展，我们培养的学生要能有效管理自己的学习和生活，认识和发现自我价值，发掘自身潜力，有效应对复杂多变的环境，成就健康人生。我们要把学生培养成为有明确人生方向、有生活品质的人。核心素养中提到的“健康生活”，就是要让学生具有积极的心理品质，自信自爱，坚忍乐观，能调节和管理自己的情绪，具有抗挫折能力等，这些内容与学校的课程目标是一致的。另外，学校的课程四维目标并不是孤立存在的，它们也是相互依存、相互融合的，它们共同作用于学生，使学生的核心素养得到不断提升。

综上所述，学校的四维课程目标与中国学生发展核心素养的目标是一致的，“勇气”与责任担当、实践创新有着密切的关联，“博爱”主要体现在责任担当和健康生活方面，“智慧”当然离不开人文底蕴与科学精神，“梦想”与学会学习、健康生活紧密相关，所以学校的课程目标的实现，就是对中国学生发展核心素养的落实。

第四节　目标的教育导向(二)：课程目标与立德树人、社会主义核心价值观和中华优秀传统文化

我国自实施素质教育以来，越来越注重德育。中小学阶段是学生发展的黄金时期。在这个阶段，学生的知识急剧增加，兴趣爱好广泛发展，道德观念趋于成形，将德育工作作为中小学阶段的重要任务，对于促进中小学生形成健全的人格、高尚的道德情操具有重要的现实意义。

党中央在十八届三中全会上颁布的《中共中央关于全面深化改革若干重大问题的决定》中首次把“立德树人”确立为教育的根本任务，指明了今后教育的改革发展方向，引发了社会的广泛关注。在党的十九大报告中，习近平总书记明确指出“要全面贯彻党的教育方针，落实立德树人根本任务，发展素质教育，推进教育公平，培养德智体美全面发展的社会主义建设者和接班人”，并进一步明确和发展了“立德树人”的目标、任务与使命，强调“要以培养担当民族复兴大任的时代新人为着眼点”，要“广泛开展理想信念教育，深化中国特色社会主义和中国梦宣传教育，弘扬民族精神和时代精神”，“培育和践行社会主义核心价值观”。因此，将社会主义核心价值观和中华优秀传统文化融入小学教育是必然之势。

我们始终把立德树人作为学校的根本任务，并注重弘扬中华优秀传统文化，带领学生学习和践行社会主义核心价值观，引领学生走向正确的人生道路，把学生培养成为国家的栋梁之材。接下来，我们将介绍学校的课程目标与立德树人、社会主义核心价值观和中华优秀传统文化之间的关系。当然，把课程目标与这几个方面进行一一对应可能未必贴切，这只是学校在响应国家号召，培养合格的社会主义建设者和接班人方面做出的尝试。

一、课程目标与立德树人

党的十八大以来，习近平总书记高度重视教育工作，就教育改革发展发表了一系列重要讲话，做出了一系列指示和批示，提出了一系列新

理念、新思想、新观点，多次论及立德树人问题。习近平总书记阐明了新时代“培养什么样的人、如何培养人以及为谁培养人”这个根本问题，为做好新时代立德树人工作，推进中国特色社会主义教育事业提供了科学指南。推进新时代立德树人工作，最根本的就是以习近平总书记关于教育工作的重要论述为指导开展实践，回答好对新时代立德树人“如何看”“怎么办”两个层面的问题，培养担当民族复兴大任的时代新人。北京小学翡翠城分校在教育教学工作中始终坚持立德树人基本方向，将课程目标的设置与立德树人根本要求紧密结合起来。

（一）教育应该坚持立德树人

培养什么人，如何培养人，历来是教育的根本问题。党的十八大以来，以习近平同志为核心的党中央，要求全面贯彻党的教育方针，把立德树人作为教育的根本任务，培养德智体美全面发展的社会主义建设者和接班人。习近平总书记着眼全局，把握关键，立意深远，明确回答了培养什么样的人、为谁培养人以及如何培养人等一系列重大问题，这些是中国特色社会主义教育理论的精髓。

习近平总书记在与北京大学师生座谈时指出：“要把立德树人的成效作为检验学校一切工作的根本标准，真正做到以文化人、以德育人，不断提高学生思想水平、政治觉悟、道德品质、文化素养，做到明大德、守公德、严私德。要把立德树人内化到大学建设和管理各领域、各方面、各环节，做到以树人为核心，以立德为根本。”“广大青年要努力成为有理想、有学问、有才干的实干家，在新时代干出一番事业。”“要爱国，忠于祖国，忠于人民。”“要励志，立鸿鹄志，做奋斗者。”“要求真，求真学问，练真本领。”“要力行，知行合一，做实干家。”总书记的重要讲话，不仅为我们提出了新要求，还为我们指明了方向，使我们牢牢抓住用理想信念铸魂这个关键环节来完成立德树人的根本任务。

立德树人是每一个教育工作者必须直面的问题。北京小学翡翠城分校将立德树人成效作为检验学校一切工作的根本标准，创新教育教学方式，改进教育评价方式，使每个学生都成长为更好的自己，努力为国家培养德智体美劳全面发展的社会主义建设者和可靠接班人。

(二)课程目标对立德树人根本任务的具体落实

我们的课程目标一直把立德树人作为根本任务，从“勇气、博爱、智慧、梦想”这几个方面对学生的道德品质提出要求，立“美”德，树“好”人，努力将学生培养成为悦己爱人、智勇双修的梦想少年。习近平总书记强调，要始终把“理想信念”作为落实立德树人根本任务的“灵魂”，学校的课程目标“梦想”实际上就是要把学生培养成为有理想、有信念的少年，我们的“梦想课程”就是让每个学生都成为既有远大理想，又有近期目标，能够合理规划时间、规划人生，并为既定目标而努力的怀揣梦想的少年。

引导学生树立坚定的理想信念只是“立德”内容的一部分。如果学生只有理想，却没有克服各种困难的勇气，那也是不可以的。学校的课程目标“勇气”，就是要培养有勇气的人，让他们充满信心，勇于探索，勇于实践，勇于担当，勇于拼搏，努力实现自己的理想。由此我们可以看出，勇气(激情、毅力、梦想等意志品质)才是决定人生成功的关键。所以说“德”的内涵是丰富多维的，“立德”任务是广泛多向的，它还体现在践行社会主义核心价值观，热爱中华优秀传统文化，爱祖国，爱劳动，爱学习等方面，这些内容在学校的课程目标“博爱”中都有所体现。立德就是树立德业，培养高尚的品德。中华民族传统文化的精髓用一个字来概括就是“仁”，用两个字来概括就是“仁爱”，用三个字来概括就是“泛爱众”，实际上这就是我们的课程目标“博爱”。我们就是要依托课程内容，在课程目标的引领下完成立德任务，把学生培养成敢于为理想而努力奋斗的仁爱少年。

在“树人”的过程中，我们着眼于培养全面发展的学生，关注那些适用于学生整体发展的教育方法，用整体性的教学方法教授知识，并让学生积极参与这种方式的学习活动，以便让他们在未来的生活中能够切实运用这些知识。我们在教育中不仅要重视知识的传授，更要联系学生的实际，将他们的社会体验、生活经验与所学知识结合起来，把他们培养成具有健全人格的人。在博爱教育中，学校一直把爱国、励志、感恩、生存、生命等教育放在首要地位，激发学生热爱祖国、热爱家乡、感恩师长、自主自强的美好情感，并开展各种主题活动，让学生在活动中更深刻地了解人生，认识社会，感受生活，学会生存，珍爱生命。

同时，在实践活动中我们注重培养学生的“勇气”，使他们充满自信，敢于质疑，敢于尝试，对任何事物都充满好奇心，在遇到困难时能够相互鼓励，共同协作，攻克难关，从而培养了他们的团队合作能力。我们通过整体育人理念，让学生在探索中获得真知，在实践中品味成功的乐趣，通过体验生活，将知识、能力结合起来，并融入自己的思考，形成自我认知，从而真正实现了学生的“绿色成长”，提升了学生的综合素质，为他们终身学习和发展奠定了坚实的基础。

二、课程目标与社会主义核心价值观

习近平总书记在党的十九大报告中指出：“要培育和践行社会主义核心价值观。要以培养担当民族复兴大任的时代新人为着眼点，强化教育引导、实践养成、制度保障，发挥社会主义核心价值观对国民教育、精神文明创建、精神文化产品创作生产传播的引领作用，把社会主义核心价值观融入社会发展各方面，转化为人们的情感认同和行为习惯。”我们将社会主义核心价值观与课程目标融为一体，让学生以社会主义核心价值观为导向，积极投身到生活和学习之中，将自我价值的实现与祖国利益的实现融为一体。

(一)“勇气”与社会主义核心价值观

人们要想做到“敬业”，首先就要具有勇气。勇气可以使人从容应对职场中的各种挑战。同样，“爱国”也是需要勇气的，不是口头喊出来的。真正的爱国是要付出行动的，我们要敢于与不利于国家的行为做斗争，只有具备爱国的勇气，才能真正维护国家的利益。我们爱国不能只停留在口号上，而是要落实到实际行动之中。从这里不难看出，“勇气”与“敬业”“爱国”有着密切的联系。培养“有勇气”的学生，就是在认真践行社会主义核心价值观。

（二）“博爱”与社会主义核心价值观

“博爱”也与社会主义核心价值观有着密切的联系。“富强、民主、文明、和谐、自由、平等、公正、法治、爱国、敬业、诚信、友善”，读起来掷地有声，可以说这里的每一个词都与“爱”有关。“博爱”的内涵是丰富多彩的，如果一个人不具有“博爱”之心，就很难去实现和践行社会主义核心价值观。在社会中，人与人不能离开相互之间的合作，国与国之间也是如此。相互交流和合作是国家发展的动力，而“博爱”就是人与人之间、国与国之间交往的准则，个人之间、国家之间的交往只有得到“爱”的浇灌才能长远和牢固。

一个人对需要帮助的人伸出援助之手，为身处困境的人雪中送炭；一个国家对周边国家给予支持与援助，以及以仁义和宽容之心对待与自己有摩擦的国家，这些都是“博爱”的表现。这种“博爱”换来的是人与人之间、国与国之间的“诚信”与“友善”。这种“博爱”是“仁”的表现，是有利于国家“富强、文明、和谐”的，所以学校非常重视博爱教育，以“爱”育人，让学生心中充满爱，健康成长，让他们努力践行社会主义核心价值观，去实现伟大的中国梦。

（三）“智慧”与社会主义核心价值观

“爱国”需要热情，更需要“智慧”。我们在做事情时要考虑周全，语言要得当，行为要公正，不能盲目跟风。例如，有人在社交平台上曾发出过这样的“爱国倡议”——坚决不吃麦当劳、肯德基等外国食品，坚决抵制美货、日货、韩货，甚至出现不给日系车加油，打砸日系车等恶劣行径。难道这些行为就代表爱国吗？我们真的需要智慧爱国、理性爱国。

我们不仅要把学生培养成有智慧的人，还要把他们培养成“友善”的人。友善是一种人生智慧。当我们把内心的友善转化成一个微笑时，人与人之间的距离就被拉近了。对他人微笑，同样也是对自己微笑。做一个智慧、友善的人，就要懂得微笑，学会微笑，善于微笑。心存友善可以让我们时刻保持冷静，遇事不慌，有宽容之心，这便是一种莫大的人生智慧，我们的教育就是要培养这样的友善少年。

(四)“梦想”与社会主义核心价值观

2012 年 11 月 29 日，习近平总书记在参观《复兴之路》展览时发表了重要讲话，首次提出了“中国梦”，此后，又在多个场合提到“中国梦”。在党的十九大报告中，“中国梦”更是出现了 13 次之多。习近平总书记在中国共产党第十九次全国代表大会上指出：“青年兴则国家兴，青年强则国家强。青年一代有理想、有本领、有担当，国家就有前途，民族就有希望。中国梦是历史的、现实的，也是未来的；是我们这一代的，更是青年一代的。中华民族伟大复兴的中国梦终将在一代代青年的接力奋斗中变为现实。”“梦想”，作为课程目标之一，就是要提倡培养学生的“爱国”精神和“敬业”精神，让他们心里也有属于自己的中国梦，并静下心来完成自己的学业，凭借自己的出色表现实现自己的梦想。为此，学校为他们搭建了各种舞台，让他们坚定理想信念，志存高远，脚踏实地，勇做时代的弄潮儿，在实现中国梦的实践过程中放飞自己的青春梦想，在为实现中国梦的不懈奋斗中书写人生华章。

我们的目标是把每个学生都培养成悦己爱人、智勇双修的梦想少年，让他们从小就学会树立阶段性目标和远大的理想，拥有自己的“中国梦”，通过不断努力，去实现自己的梦想。实现自己的梦想并不是一句口号，因为在实现梦想的路上他们会面临各种困难和挫折，需要勇敢地、充满智慧地攻克一个个难关，这也是在考验一个人的意志，而我们把“勇气”和“智慧”作为课程目标，也正是希望学生能够通过课程学习，获得这方面的素养。综上可见，学校的课程目标与社会主义核心价值观是紧密相连的，它是社会主义核心价值观在小学阶段的具体化、实践化。

三、课程目标与中华优秀传统文化

文化是精神的载体，是文明的源泉，是民族的血脉。一个国家、一个民族的强盛，总是以文化兴盛为支撑的。中华优秀传统文化的土壤中，蕴含着丰富的哲学思想、人文精神、道德理念等。中国文化博大精深，学习和掌握其中的各种思想精华，对于树立正确的世界观、人生观和价值观很有益处。弘扬中华优秀传统文化、推动中华文化创新发展，是教师的时代使命和应当肩负的历史责任。我们所制定的课程目标与中华优秀传统文化有着密切的联系，落实课程目标也是在践行弘扬中华优秀传统文化的重任。

（一）“勇气”与中华优秀传统文化

“勇气”一词早在孔子《论语·为政》中就有所体现。子曰：“见义不为，无勇也。”这句话的意思是，看到应该挺身而出的事情却袖手旁观，这是怯懦，是一种缺乏勇气的表现。这句话还包含另外一层意思：即使是为特定的行为目的产生了顽强的意志品质，但只要不以“仁”“义”为指向，只要不在正义和法律的范围内，那么它就不应享有“勇”之名，只能算是一种匹夫之勇，或是一种好勇斗狠之举。孔子对“勇”的这种定义在后世产生了深远的影响。孟子的“大勇”“武王之勇”，荀子的“上勇”，乃至“二程”（程颢、程颐，程朱理学的创始人）的“颜子之勇”等都是与孔子的“勇”论一脉相承的。我们把孔子“勇”论中的“义之所在”作为判断行为是否为“真勇”的标准。我们在传统文化的积淀中形成了“见义勇为”的民族精神和敢拒道义、一往无前、无所畏惧的精神品质。①

人们见义不为，就会使正义得不到维护。如果正义受制于邪恶，那对社会发展是很不利的。因此，在当下，我们应批评“见义不为”，大力提倡见义勇为。见义勇为是中华民族的传统美德，自古以来就为人们所

---

①　萧仕平：《勇：从形式之德到内容之德——孔子论“勇”及其现代启示》，载《道德与文明》，2009(6)。

称颂和赞美，见义勇为的事例也屡见不鲜，任何一个有良知的公民，都会被这种舍生忘死和大无畏的精神所感动。我们把“勇气”作为课程目标之一，就是要培养学生敢于与不良行为做斗争以及敢于维护正义的道德品质，让他们用爱心和勇气构建我们的和谐社会。

（二）“博爱”与中华优秀传统文化

仁爱、兼爱是中华优秀传统文化的基本精神。“仁爱”思想是儒家思想的核心，是表示人与人之间相互关系的范畴。人是社会化的生物，人不能孤立地生活，而是处于相互合作、相互交往、相互联系之中的，因此人与人之间的关系才是社会的最基本关系。孔子早就看到了人际关系的重要性，所以提出了“仁”这个概念。“仁者，爱人”，一个道德高尚的人，就一定是爱他人的，而且这种“爱”是一种广泛的爱，即“泛爱众”。孟子继承了孔子的这种思想，认为人性皆善，“恻隐之心，人皆有之”。孟子认为，爱他人不能仅仅局限于爱身边的亲人，应该“亲亲而仁民，仁民而爱物”，由近及远，由人及物，从爱身边的亲人做起，“老吾老，以及人之老，幼吾幼，以及人之幼”，并且将这种“爱”扩展延伸到自然界的万事万物。唐朝著名文学家、思想家韩愈提出了“博爱之谓仁”的说法，他直接将“仁”与“博爱”等同起来。

墨子提出“兼相爱，交相利”，是为了有效管理社会，使社会达到和谐、协调、平衡、有序的状态。墨子管理的目标是“兴天下之利，去天下之害”，人与人相爱则相利，人与人相恶则相害。“兼相爱”是墨子管理思想中一以贯之的主线，它体现了东方人本管理思想的精华。学校的博爱教育是非常宽泛的，这里的爱体现在人与人、人与国家、人与自然等各个方面，把“仁爱”和“兼爱”融为一体，让学生具有博爱之心，爱祖国，爱人民，爱学习，注重把修己爱人、设身处地为他人着想、自省慎独、以礼待人、讲信用等传统优秀美德发扬光大，让学生形成正确的人生观、价值观。

（三）“智慧”与中华优秀传统文化

追求智慧，成为智者，是人类亘古不变的理想。《诗经》和《尚书》中就有“既明且哲”“知人则哲”“明作哲，聪作谋，睿作圣”等言辞，而“哲”即“明智”之义。可见，古人很早就已表达出摒弃愚昧、崇尚智慧的美好愿望。而孔子则提出了“智者乐水”“智者动”“智者不惑”的观点。“智者乐水”“智者动”，意思是水是多变的，它没有像山那样固定、执着的形象，它柔和而又锋利，难于追随，深不可测。有智慧的人和水一样能够随机应变，明察事物的发展，“明事物之万化，亦与之万化”，而不固守一成不变的某种标准或规则，因此能破除愚昧和困危，取得成功，即便不能成功，也能随遇而安，寻求另外的发展，所以，他们总是活跃的、乐观的。所谓“智者不惑”，是指能够在一团迷雾里找到事情的源头和解决的办法，不会因为无头绪而感到心烦意乱，失去辨别的方向。智者不管遇到什么事情都能够保持冷静，理智地对待生活里的变故，而不会因为一些突发的事情而乱了阵脚。

智者的独特魅力就在于头脑清醒、思维敏捷，能洞察世间百态，通达事理，举措得宜。具体来说，这种“不惑”之智主要体现在以下方面：第一，明察。“察”即考察、审核。智者深知事物本质隐藏于表象之后，只有先对纷繁复杂的表象进行一番细致而全面的考察，才能去伪存真。第二，慎行。智者会对自己的言行持一种审慎的态度。第三，远虑。智者不仅懂得立足当下，而且尤重放眼未来，着眼整体，顾全大局，在不可得兼的情况下会果断舍弃小利。第四，善权。智者既能明了和遵循事物的常规与准则，还能根据时间、条件的动态变化做出相应的合理调整，权衡轻重，与时偕行。第五，达命。智者的最高境界在于能够超越“人道”，上达“天道”，把握天人之际。

学校的“智慧”课程目标就是要传承和弘扬这种传统文化，培养通事理、反应敏捷、思想活跃的学生。只有具备了这些素质，学生才能更好地适应当今社会的发展。

（四）“梦想”与中华优秀传统文化

一个人如果没有理想，就不会有追求，就会失去前进的动力。学校以“梦想”为课程目标，就是要把学生培养成一个敢于追梦、筑梦，并通过不断努力圆梦的人。中华民族自古以来就是一个喜欢仰望星空、开天辟地的民族。在几千年历史长河中，中国人民不仅始终心怀梦想，而且不懈追梦，执着圆梦，诸如盘古开天地、女娲补天、伏羲画卦、神农尝百草、夸父逐日、精卫填海、愚公移山等古代神话就形象地反映了这一点。由于时代的局限性，当时追求的梦想大多是关于人与自然关系的，即通过人的活动改造自然，为人类的生存与生活创造条件。

随着社会生产力的不断发展和人类生活境遇的优化，中国人民对梦想的追求逐渐从人与自然的关系这一主题转向人与社会的关系这一主题，人们开始追求社会的和谐、美好。在历史上，许多思想家对理想社会曾有过形形色色、五彩缤纷的描绘和构想。例如，老子提出了“小国寡民”的理想；墨子则提出了“兼相爱，交相利”“爱无差等”的理想；孟子描绘了“老吾老，以及人之老，幼吾幼，以及人之幼”的理想；《礼记·礼运》中勾画了“大同社会”和“小康社会”两种社会状态；康有为在《大同书》中提出了要构建一个“人人相亲、人人平等、天下为公”的理想社会。

无论是个人还是国家都应该有自己的目标，有自己的梦想，“共同富裕”是中国的伟大梦想。“大道之行也，天下为公。”千百年来，“世界大同，天下一家”的梦想始终是人类心中的长明灯。我们以“梦想”为课程目标，正是要培养快乐成长、勇于探索的梦想少年，让他们为实现伟大的中国梦贡献自己的一份力量。

总之，学校提出的四个课程目标，就是对当今学生成长需求的回应。我们要传承古代优秀思想和文化，并把这些思想、文化融合在课程内容中，让学生真正喜欢它，理解它，传播它，弘扬它，相信五千年之久的中华优秀传统文化，必将在新时代里绽放出更加绚丽的光彩。

诚如本章开篇所指出的，课程目标是指导整个课程编制过程的关键环节。北京小学翡翠城分校的课程构建，正是从确定课程目标体系出发的。我们围绕学校校名和《绿野仙踪》中的“翡翠城”，从国家、社会对人才培养的需求出发，从教育的育人本质出发，逐步构建出了学校的四维课程目标，落实立德树人的根本任务，以促进学生的全面发展，提高学生的核心素养。实践证明，我们制定的四维课程目标对学校的课程体系建设起到了重要的指引作用，为教师开展教育教学工作提供了有力抓手，对学生素质的整体提升起到了促进作用。教育是国之大计，育人是一项常做常新、永无止境的工作。在未来，北京小学翡翠城分校将会围绕国家、社会对人才的发展需求，以及学校的发展特点和优势，继续把对课程目标的思考推向深入。

第三章

特色定位：课程体系建设的“翡翠城”视角

提炼、凝聚学校办学特色，促进学校特色发展是世界范围内基础教育改革和发展的战略趋势。自20世纪80年代以来，随着全球化、信息化进程的加快，国际竞争日益激烈，为了提高教育质量，促进教育公平，满足个体和社会对人的个性、特长发展的需求，世界各国都加快了教育改革的步伐。我国也于20世纪90年代提出了学校特色发展的理念，《国家中长期教育改革和发展规划纲要(2010—2020年)》中明确强调，要促进中小学校特色化、多样化发展，要求应“树立以提高质量为核心的教育发展观，注重教育内涵发展，鼓励学校办出特色、办出水平”。其终极目标是通过学校特色发展促进学生个性化发展，满足未来社会对多样化人才的需求。

就学校而言，“特色”是在特定的教育哲学的指导下，立足实际需求，经过长期的办学实践而形成的稳定、独特的办学风格，是与学校内涵发展、高水平办学紧密相关的。[①] 一般认为，学校特色发展是学校改进的一种基本策略，是学校根据内部实际情况和外部环境变化，对区域、学校资源进行挖掘或重组利用，使学校形成特定领域独特风格或优势的过程。它以提升教学质量为根本目的，以特色课程体系为核心支撑，以学校文化为前提和沉淀形式，以组织管理为基本保障。[②]

一个学校的办学特色不仅体现在独特的办学理念和环境创设上，而且体现在特色化的课程文化建设上。特色化的课程文化建设是学校特色发展的核心支撑。《基础教育课程改革纲要(试行)》中强调：“为保障和促进课程适应不同地区、学校、学生的要求，实行国家、地方和学校三级课程管理，学校在执行国家课程和地方课程的同时，应视当地社会、经济发展的具体情况，结合本校传统和优势、学生的兴趣和需要，开发或选用适合本校的课程。”实际上，新课程改革和学校特色发展具有共同

---

① 徐鸣：《中小学校特色课程建设初探》，载《新课程研究》，2017(12)。

② 范涌峰、宋乃庆：《学校特色发展：内涵、价值及观测要点》，载《教育研究与实验》，2017(2)。

的价值取向，都体现了学校在拥有一定自主权的前提下对多样化、特色化的追求。而课程是学校特色发展的切入点和关键载体，开发具有本土特色的丰富多彩的校本课程，以支撑学校特色领域发展和促进学生个性发展，是学校特色发展的核心内容。因而，学校特色发展对于深化课程改革具有十分重要的意义。

北京小学翡翠城分校在提炼、凝聚办学特色的过程中，始终将构建具有“翡翠城”特色的课程体系作为品牌化建设的着力点和突破点。学校构建的别具特色的“绿色成长”课程体系已经取得了良好的成果，受到了全体师生的一致好评。

对于学校的课程体系，我们一般从课程思维和课程实践两个层面进行描述和观察。1999年，麦克尼尔指出，课程可被分为两个世界：一是修辞的世界，专业委员会的成员、教育董事、政府领袖等人在其中对教什么和如何教等问题做出回答，课程改革、目标、标准、政策与框架等与之相连；二是经验的世界，教师、学生在其中缔造课程，追求目标，建构知识和意义。[①] 在11年的发展过程中，北京小学翡翠城分校对教育本质和课程功能的思考从来没有停止过。依据“绿色成长”理念打造“绿色成长”课程体系是一个艰难而漫长的过程。本章力图从两个层面，即课程思维层面和课程实践层面，为大家展现这一过程，尽力让大家在“知其然”的同时还能“知其所以然”。

第一节　课程体系建设的理念支撑

课程思维是指，在课程文化建设过程中根据什么样的教育理念与课程理论，依据什么样的思维模式，来确定课程的性质和目标，构建课程体系，以及在此基础上规划和设计课程内容，开展课程实施与课程评

① 史丽晶：《基础教育课程改革目标实施程度研究》，博士学位论文，东北师范大学，2016。

价。课程设置者的教育思想是影响课程的重要因素，建立在不同的教育哲学理论基础上的课程论及课程的历史传统，会对课程产生重要的结构性影响。

针对不同的课程问题，人们会产生不同的课程思维。例如，在“如何进行教育”这个问题上，人们形成了学科中心和活动中心两种课程观。学科中心课程论又被称为知识中心课程论，它主张分科教学，是一种以传递各学科知识为中心任务的课程观。它的由来已久，如中国古代的“六艺”和欧洲古代的古典“七艺”就是这种课程思想的反映。与学科中心课程论相对立的是活动中心课程论，这是一种实用主义的课程价值观，代表人物是美国实用主义教育家杜威。他认为教育即生活，生活离不开活动，应以活动为中心开展课程。又如，在关于教育与个人、社会的关系问题上，人们形成了人本主义与社会再造主义两种课程观。人本主义课程论主张，课程应有益于人的尊严，人的潜能在教育过程中应得以实现和发展，课程的主要目的就在于培养理想的个人，课程的重要功能是使人真正具有人性，真正成为自我本身。社会再造主义课程论关心的是课程与社会政治、经济之间的关系，强调社会对教育的制约作用，主张根据社会的需要来确定课程。在回答“学校教育应达到什么样的教育目标”的问题上，人们形成了形式教育论和实质教育论这两种对立的教育理论，这两种教育理论的持有者对学校课程的设置也有不同的观点。①

根据国内外学者的研究成果，我们可以这样认为，课程是对育人目标、教学内容、教学活动方式的规划和设计，是教学计划、教学大纲等诸多方面实施过程的总和。11 年间，我们不断探索，不断建构，不断否定，在此过程中，具有“翡翠城”独特视角的课程思维也逐渐清晰起来。

① 教师资格认定考试编写组：《教育学》，134 页，北京，北京师范大学出版社，2008。

一、自然的、自主的思维

卢梭在《爱弥儿》中曾这样说："出自造物主之手的东西本来都是好的，可是到人的手里就全坏了。"这句话从某一侧面说明了脱离自然的教育对于学生成长的危害。他提倡的自然教育理论的核心就是教育必须顺应儿童天性发展的自然历程，必须遵循儿童身心发展的规律。这种自然教育的理念在被融入我们的课程构建的过程中，又有其具体的指向。

(一)自然思维

1. 自然是指承认学生与生俱来的学习能力，尊重学生的兴趣爱好

图 3-1 "拆着玩儿"

图 3-2 形体课程

我们必须承认，学生生来就是有学习意愿和学习能力的，之所以在后天的学习中，有的学生学习好，有的学生学习不好，是因为我们衡量学生优劣的尺子过于单一，从而导致学生某方面的能力没有得到发展，甚至被扼杀。因此，我们在课程建构过程中必须考虑这一点，所设置的内容和门类必须兼顾不同学生的兴趣爱好，从学生的生活入手进行选择、打造。针对男学生好动的天性，我们专门开设了实验梦工厂和拆着玩儿两门课程，让学生在动手操作的过程中掌握技巧和原理；爱美是女学生的天性，因此我们在一年级开设了形体课程，在二年级开设了舞美课程，在校队中开设了翡翠娃舞蹈团和色墨艺香书画社团。在我们看来，课程不应该是学生在学校必须完成的任务，而应该是为求知的种子生根发芽所搭建的沃土。

图 3-3　翡翠娃舞蹈团

2. 自然是指尊重学生的年龄特点，不陵节而施

我们之所以将国家课程作为课程框架的最底层，也正是基于这种考虑。国家课程充分考虑了学生的年龄特点和学习能力，其科学性毋庸置疑。我们的课堂文化是“自主、本真、互动、生长”。我们强调真实的课堂，注重学生的实际获得，还原学生正式的学习状态，注重过程性评价，淡化考试和分数，让学生充分享受学科课程带来的欢愉。在基础类课程学习过程中，不同的学生会对不同领域感兴趣，并在不同领域表现出特长，这是必然的。为了让他们的天赋能够得到彰显，我们在基础类课程之上设计出提高层次——拓展类课程，即各种各样的社团，以满足学生进一步学习的需要。如果他们还不“解渴”，我们的第三层次——特色类课程(校队)将是他们通向成功的舞台。这样学生的学习欲望就能被一点点激发出来，教师需要做的就是全程陪在他们身边，作为“学习中的首席”，进行适当的点拨。对于学生的学习结果和进步速度我们从不苛责，因为我们相信学生的成绩会随着年龄和心智的增长而提升。

(二)自主思维

对于“自主”，我们的理解就是“自主选择，自我规划”。

1. 自主思维就是自主选择，强调课程研发与实施主体的自主性

所谓自主选择，是指学校的课程建设现状与未来发展方向都是自主选择的结果，并非完全接受来自外界的被动安排。

自主选择的主体既指学校，也指教师和学生。

首先，学校在进行课程体系构建、课程结构规划和课程内容选择等方面，不仅仅满足于对国家课程和地方课程的开足开齐，而且还根据学校自身发展的需求，对国家课程和地方课程进行校本化实施，从而使其与“绿色成长”课程体系的建设理念相契合。而校本课程的研发与实施，则更加体现了学校自主选择的课程理念。

其次，教师在参与学校“绿色成长”课程体系建设的过程中，遵循“自主选择”的原则，除了完成必修的国家课程和北京市以及大兴区地方课程以外，还会根据自己的专业特长和兴趣爱好自主选择研发与开设学科拓展课程和校本课程。

最后，从学生的角度来讲，除了学校安排的必选课程以外，他们可以自主选择自己感兴趣的课程。例如，学校安排的拓展课程，全部都是由学生自主选课。为此，我们搭建了自主选课平台。在开学初，每个学生都可以在网上自主选择自己喜欢的社团课，上课时大家打破班级界限，为了共同的爱好重新组建成班级，这样的课程怎能不受学生的喜爱？三十多门自选课程为学生提供了充足的选择余地。在社团表现出色的学生还可以为自己的发展做出规划，选择对应的校队继续深造，这种自然、自主的课程理念为每一个学生的个性化成长提供了可能，体现着人文教育的光芒。

2. 自主思维还表现为一种对课程目标、课程体系、课程内容等的自我规划

学校在课程文化建设过程中，对课程目标、课程内容、课程评价等方面进行了不断的探索、丰富和完善。虽然学校曾多次邀请专家参加关

于学校课程建设的讨论，但从现有的课程体系来看，“绿色成长”课程体系可以说是学校全体师生自我规划、共同探索的结果。

首先，从学校的角度来讲，整个“绿色成长”课程体系的构建与实施都是学校自我规划的结果。有学者认为，课程规划是学校课程管理的题中应有之义。现代学校课程管理不是对既有的静态文本的技术性加工，而是从动态的课程含义出发，通过教育经验的选择、组织、调整，促进学生身心发展的过程。因此，在学校课程管理过程中，学校不能仅仅作为专家编制的课程方案的忠实执行者，而必须以构建主体的姿态承担起课程规划的职责。[①] 北京小学翡翠城分校在成立之初就对课程文化进行了积极的探索，对课程目标进行了科学合理的规划，并在此基础上进行课程体系的建构和课程内容的研发。

其次，从教师的角度来讲，他们不仅对国家课程和地方课程的课程进度、授课方式、课程评价等进行了一定程度的自我规划，而且还根据自身的专业特长和学生的接受程度来规划与国家课程相关的拓展类课程以及学校的特色校本课程。

最后，从学生的角度来讲，学校鼓励每一个学生参与课程文化建设，鼓励他们对课程体系的框架和内容提出不同的意见，并根据自己的兴趣爱好和专业特长对课程内容提出调整意见。同时，对于学校种类繁多的校本课程，学生也可以根据自身的学习需求，自我规划所学课程的内容和数量。

二、整体的、系统的思维

2009 年 7 月，北京市教育委员会下发了《北京市教育委员会关于加强义务教育课程管理推进课程整体建设的意见》，为北京市义务教育阶段三级课程整体建设提出了完整框架，明确指出，三级课程整体建设的

① 车丽娜：《论学校课程规划的基本向度》，载《西北师范大学学报(社会科学版)》，2015(4)。

本质，是以人的整体发展为基础的课程结构的重整和创新，是基于人的成长的综合性特征而对课程的整体性构建，强调要基于学科又跳出学科，从整体思考教育目标的达成和课程构建模式。

这是一个信号，预示着我们的教育教学将进入整体育人系统的探索阶段，过去以学科为主体、各学科相对独立的课程体系，以及校本课程、地方课程与国家课程三级课程分而治之、割裂实施的课程体系都将被淘汰。我们要培养的是快乐生活、勇于探索的梦想少年，要使学生获得这样的成长，依靠单向的、僵化的课程体系是不行的。我们必须将现有的国家课程全部校本化，并将其与学校原有的校本课程融合成一个体系，进行系统性构建，以实现“让课程适合每一个学生”的目标。

(一)整体思维

学校在课程文化建设过程中，始终遵循一种整体性的课程思维，将“绿色成长”课程体系作为一个统一的整体，对国家课程、地方课程和校本课程进行重新梳理分类，并进行有效整合，使之成为一个包含基础类课程、拓展类课程和特色类课程的有机整体。

我校的“绿色成长”课程体系由国家课程、地方课程和校本课程组成，三级课程是一个统一的整体，相互之间并不是割裂的。

首先，2015 年由北京市教育委员会下发的《北京市实施教育部〈义务教育课程设置实验方案〉的课程计划(修订)》中明确要求“各区县和学校要认真按照《课程计划》，逐级制定相应的义务教育三级课程整体建设一体化课程方案”，这为学校在课程文化建设过程中处理三级课程之间的关系提出了非常明确的指导方向。北京小学翡翠城分校作为北京市中小学课程文化建设的先进单位，认真学习领会和积极贯彻落实北京市教育委员会的相关要求，积极推进三级课程整体化建设。

其次，从三级课程之间的逻辑关系来看，无论是国家课程、地方课程，还是校本课程，在课程目标设定、课程框架建构、课程内容选择、课程评价实施等方面，都应该遵循小学阶段教育发展的客观规律，遵循小学生身心发展的客观规律。由于客观规律具有同一性，客观标准具有一致性，因此三级课程之间应该是一个统一的整体。

最后，学校的办学理念和培养目标决定了我校的课程体系应该是一个有机的整体。从学校的培养目标来看，我们要培养的是“快乐生活、勇于探索的梦想少年”。在单向度、零散、僵化的课程体系之下，我们是无法达成这一目标的。为了真正实现“让课程适合每一个学生”的目标，我们将目前国家规定的所有课程全部进行校本化实施，依据“整体构建，因材施教”的原则，做出了具有校本特色的整体课程规划，在课程结构、课程内容及课程形态上，最大限度地拓展学校课程建设的时空范围。

（二）系统思维

系统思维是指在课程文化建设过程中，要始终将整个课程体系作为一个有机的整体，把不同类型、不同学科的课程围绕学校的培养目标和课程目标进行科学整合，从而构建具有自身特色的课程文化体系。

学校在原有课程的基础上将所有课程进行深化与统整，在横向上将课程分为健康、人文、艺术、科技四大门类，然后把这四类课程与《绿野仙踪》中的四个卡通人物及其性格品质进行联系，分别命名为“小狮子系列课程”“铁皮人系列课程”“稻草人系列课程”“多萝西系列课程”。横向上的课程分类既体现了学校的培养目标，又凸显了学校的办学特色，这四大门类的课程构成了一种逻辑清晰、连贯的课程系统。在纵向上，学校将课程分为基础、拓展和特色三个层次。基础类课程主要涉及国家课程及必选校本课程，拓展类课程是相应的一些自选课程，而特色类课程，顾名思义，是体现学校办学特色的精品社团、校队。整个课程体系，水平由低到高，可以满足不同层次学生的需求。

无论是纵向分类还是横向整合，都体现了学校特有的课程文化建设逻辑，即根据学校的培养目标来确立课程目标，充分体现了学校的办学理念和办学特色。不同类型、不同学科的课程之间既相互区别，具有一定的独立性，又共同指向一个总的课程目标和学校的培养目标。

三、多元化、个性化的思维

在实施国家课程校本化的大背景下，各校都在谋求适合本校教育理念的课程体系，我们也不例外。在经历了由简到繁又由繁到简的过程之后，我们对课程的本质和根本目的有了新的认识：归根到底，课程还是要为人的发展服务的，学生的成长是学校课程体系研发的出发点和归宿。成长，是一个相对概念，是通过比较来衡量的。比如，课程中有一个任务是让全班学生每人做一条木船，每个学生做的当然都不一样。如果按照是否完成课程目标来划分等级，肯定会出现三六九等。但是每个学生都是一个独特的个体，他们的基础不一样，擅长的智能类型也不一样，做出来的东西肯定有优劣之分，因此我们的理念是，只要学生按照课程要求认真做了，他就成功了。

我们的课程就是要为每个学生的成长提供标准。在课程评价上，我们从不把分数作为衡量学生优劣的唯一标准，我们更在乎“增值性”评价，关注学生的学习过程，如我们利用“成长记录袋”记录下学生成长的足迹。我们更加注重过程性评价和个性化评价，因为它们能够带给学生成功的体验。我们的课程必须为擅长不同智能类型的学生提供发展机会，在课程门类设置上应该呈现一种多元的思维模式。按照多元智能理论，每个人至少有八种智能可以开发，也就是说每个人都有适合自己的生长点。

我们的最终目的就是让每个学生都能在学习中找到自己的“成就点”，实现自己的个性化成长，最终达成我们的育人目标——培养“快乐生活、勇于探索的梦想少年”。我们的课程就是要成为学生的一扇窗，打开窗子，每个人都可以看到适合自己发展的一片广阔空间。

四、生活化、实践性的思维

实用主义是产生于19世纪70年代美国的一个哲学流派，其思想核心是重视经验和实用性。这个学派的代表人物杜威提出了“教育即生活”

“教育即生长”“学校即社会”的教育思想。20世纪30年代，我国教育家陶行知对其加以整合和发展，提出了“教学做合一”“生活教育”等思想，对我们的教育事业产生了巨大的影响。我们的“绿色成长”课程体系的构建也受到了这一思想的影响。我们认为，知识并不仅仅存在于课本之中，更存在于大自然和我们的生活中。教育应该是从生活中提取经验和智慧，并在学校的教育教学中加以提炼和引导，让学生获取普遍规律，最终更好地为自己的生活服务。

在我们的课程体系中，很多课程是应学生需求开设的，如科技类课程中的实验梦工厂。我们的生活中有很多有趣的现象吸引着学生，他们特别乐于揭开真相，了解其中的原理，但是由于年龄和设施等的限制，他们不能亲自动手揭开谜底，于是我们就设计了这样一门课程。有一节课叫“自制饮料”。教师为学生准备了甜蜜素、苏丹红及各种香精，学生以小组为单位按照教师的要求把这些添加剂一一放入矿泉水瓶中，一瓶苹果饮料瞬间产生。有的学生出于好奇还尝了尝，说：“哇，和市面上卖的饮料没什么两样！”可当教师向学生介绍了这些添加剂对人体的危害后，学生都傻了眼，纷纷表示再也不买便宜饮料了，这就是生活化思维的具体体现。

学生在成长过程中有一样东西是永远也绕不过去的，那就是实践。人类从呱呱坠地那一刻起就在用实践探索着大自然的规律。我们在养育孩子的过程中经常会有一个误区：如果让婴儿自由自在地活动，就会造成一些不良的后果，如长大后脸会睡偏，四肢会变形，可事实并非如此，那些在无拘无束状态下长大的孩子发育得会非常健康。一个姿势累了，他们就会变换一个姿势，这就是实践得出的结果。不让孩子感受劳作之苦，他就不知道何为幸福；不让孩子体验饥寒交迫，他就不知道何为温饱。学习亦是如此，不让学生通过实践获得知识，那学习就是毫无意义的。因此，我们设计了大量的实践类课程。在基础类课程中，我们设计了“绿野仙踪主题实践课程”，综合考虑各个学科，提炼实践点，为学生提供实践平台。拓展类课程更不必说，军训课程、“纸部落”、气象观测等，无不渗透着“实践出真知”的理念。

表 3-1　北京小学翡翠城分校“生命体验课程”主题表

年级	体验主题
一年级	代孕体验　感恩父母
二年级	种植体验　热爱自然
三年级	自护体验　保护自己
四年级	盲人体验　健康生活
五年级	童年回忆　感悟幸福
六年级	规划未来　放飞梦想

盲人的生活

这周，我们体验了盲人的生活，这让我感受到：盲人真不容易！

在体验时，我们闭上眼睛排成一队，摸着前面同学的肩膀缓慢行走。我摸索着，小心翼翼地走着，但依然时不时撞上坚硬的墙壁，碰到前面不知何处的椅子，有时还会撞上桌角，甚至出现掉队的现象。

另一个体验项目是“盲人写字”，各班同学都出现了“龙飞凤舞”，我们班有的同学写“四”时，出现了左出头右不封口的情况，就像写了一个倒“C”……

盲人的生活太艰难了，只能用耳、鼻和手感应世界，但有些盲人也是强大的，像海伦·凯勒，她著有《假如给我三天光明》；中国盲人李燕通过不懈努力，成为一位伟大的钢琴师。

我在这次体验中充分地感受到：我们要向盲人学习，用心看世界。

——四年级　李云昊

独特的课程思维来源于我们独特的学校文化，来源于我们对每一个生命个体的尊重，来源于我们务实的培养目标，它是我们构建课程体系的魂。有了思想的引领，接下来就是实践，这同样是一个艰苦的蜕变过程。这些我们将在下一节进行阐述。

第二节　课程体系建设的实践过程

《基础教育课程改革纲要(试行)》中明确指出，要整体设置九年一贯的课程门类和课时比例。义务教育领域的小学阶段以综合课为主，初中阶段设置分科与综合相结合的课程。2011 年 12 月，教育部颁布了《关于印发义务教育语文等学科课程标准(2011 年版)的通知》，通知的要求之一是要全面理解、深入领会和准确把握修订后的课程标准的精神实质和主要变化，并强调各地要加强课程建设，确保义务教育各学科课程标准的全面落实。

自课程改革以来，课程领域最大的突破就在于课程功能实现了转变。课程改革下的课程功能不再局限于传授知识和保证升学，而是更加关注学生的整体发展。因此，这一时期的课程结构也得到了调整。第一，提高自选课程的比例，允许学生根据自己的特长和兴趣制订课程计划，这标志着自选课程的地位得到了提升，学校和学生有了更多的自主权和选择权。第二，课时比例有了一定的弹性幅度。第三，开设跨学科的综合课程，课程结构更加完整。第四，综合实践活动课程被纳入课程体系中，这成为课程领域的一大突破。此外，国家课程、地方课程和校本课程三者相互促进，共同发展；课程结构更加注重不同教育阶段之间的衔接；课程结构不再只强调国家的要求，而是更加关注促进学生的全面发展。①

我们对三级课程的整合始于 2009 年。最初我们只是想开设自己的校本课程，用于弥补国家课程缺少针对性的问题。后来随着校本课程的增多(最多时达到了 60 多门)，课时不足、师资短缺等问题浮出水面。对北京市课题“校本课程的品牌化实施”的研究让我们对课程构建有了全新的认识，它是我们课程建设的里程碑，我们开始真正地统筹三级课程，并

---

① 赵昆伦、张君：《改革开放以来我国基础教育课程结构的演变及展望》，载《辽宁教育》，2018(4)。

为现有的课程“减负”。可以说我们打造课程的过程就像读书：从薄读到厚，又从厚读到薄。这个过程大致经过了两个阶段。

一、第一阶段：探索多维课程体系(2008—2013 年)

有学者指出[①]：

校本课程开发包括两大范围，一是指校本课程的开发，二是指校本的课程开发。第一，学校根据国家课程计划预留学校自主开发的时间和空间，进行学校自己的课程开发，这时，学校是课程的权力主体，所开发出来的课程叫校本课程，它就成为一个课程板块，与国家课程和地方课程相对应。这一含义可以理解为校本课程的开发。第二，学校根据自己的实际情况对国家课程计划进行校本化的适应性改造。国家仍然是课程计划的权力主体，学校教师更多的是课程开发的参与主体。这时，课程目标已经得到明确规定，课程内容也基本确定，但学校教师仍然可以根据学校的特点和条件，就课程资源、单元进度、授课顺序、教学方法和考核方式等课程议题进行自主决策。

在进行校本课程研发的开始阶段，我们认为，校本课程应该是国家课程和地方课程的补充，是学校自主开发的体现学校特色的课程，它与国家课程和地方课程应该是并存的关系。国家课程主要关注的是基础性与统一性，追求的是“共性”，而校本课程的开发与建设则以尊重差异，满足不同地方、不同学校的需要为前提，其实质是追求学校特色的形成，让每所学校都能展现自己的个性与风采。依据这个理念，我们开始尝试打造适合本校特色的校本课程。

(一)个别学科的尝试

2010 年，学校建校两年，最高年级也变成了三年级，我们开始了将地方课程渗入国家课程的尝试。

---

① 吴刚平：《校本课程开发》，40 页，成都，四川教育出版社，2002。

“品德与生活”是由品德课程演变而来的新学科，但其呈现形式并没有太大改观，只是由原来的说教式变成了图文式，仍然没有留给学生足够的参与空间，不利于产生积极的情感体验，没有起到品德学科应有的指导学生行为的作用。“美德在我心”是大兴区在全区开设的一门地方课程。课程中包含了爱国、包容、合作、友善等12种美德，都是通过学生熟悉的生活场景向学生展现的，有很强的实用性。我们开始尝试把这些美德与“品德与生活”教材中的相关内容进行整合，课时打通使用，既完成了国家课程的要求，又兼顾了学生的实际获得。

除了将国家课程与地方课程进行有效整合外，学校还开始了对校本课程的研发工作。对于这些校本课程的研发，最初都是一种自发的行为，大都没有科学的规划。一些教师根据自己的特长和爱好，结合教育教学工作中的实际需要，尝试开设相关的校本课程。例如，我们发现，现在的学生动手的机会少了，能拿到手的玩具大多都是现成的。原来国家课程中还有劳技课，现在也变成了统一到劳动基地集中上。为了提高学生的动手能力，让学生在拆装过程中感受快乐，获取知识，我们着手研发了“拆着玩儿”科技校本课程，并在四年级开设。课上拆的东西是学生从家里带来的，在拆卸过程中他们要做好记录，便于复原。学校则为他们准备拆装工具和教材。这门课程深受男学生的喜爱。

后来，我们又相继在低年级开设了舞美课程和钢琴课程，在三年级开设了实验梦工厂课程，在高年级开设了篮球和茶艺等必选校本课程。这些课程的开设，极大地丰富了学校的课程资源，为学生的全方位发展提供了肥沃的土壤。

（二）“翡翠城”多维课程体系的创建

学校特色校本课程的开设激发了全校师生开发校本课程的积极性，我们的教师队伍中藏龙卧虎，有擅长单片机教学的，有擅长书法的，还有擅长衍纸、编织的，他们都在各自所带领的社团中发挥着重要作用。我们的社团最多时达到了几十个，我们深深感到，把这些课程进行梳理并形成体系迫在眉睫。校长邀请教育专家对我们的课程进行诊断，专家为我们推荐了一本书——《绿野仙踪》。这部童话中的小狮子、铁皮人、稻草人、多萝西所追求的目标与我们希望学生养成的优秀品质不谋而合，于是我们开始思考利用校名(翡翠城)与《绿野仙踪》中的翡翠城之间的联系，依托童话打造我们的课程体系。在课程框架的搭建和分类上，卢梭在《爱弥儿》中的思想给了我们很大的启示[①]：

这种教育，我们或是受之于自然，或是受之于人，或是受之于事物。我们的才能和器官的内在发展，是自然的教育；别人教我们如何利用这种发展，是人的教育；我们对影响我们的事物获得良好的经验，是事物的教育。

用今天教育科学的话来说，自然教育是指儿童身心的自然发展；人的教育是指教育者对受教育者所施加的有意识、有目的的指导；事物的教育是指环境对受教育者的影响。在这三个因素中，自然教育完全不是我们所能决定的，于是我们就把校本课程的构建锁定在了另外两个因素上，形成了"翡翠城"多维课程体系的两大维度，即显性课程和隐性课程。

课程体系的框架如图 3-4 所示：

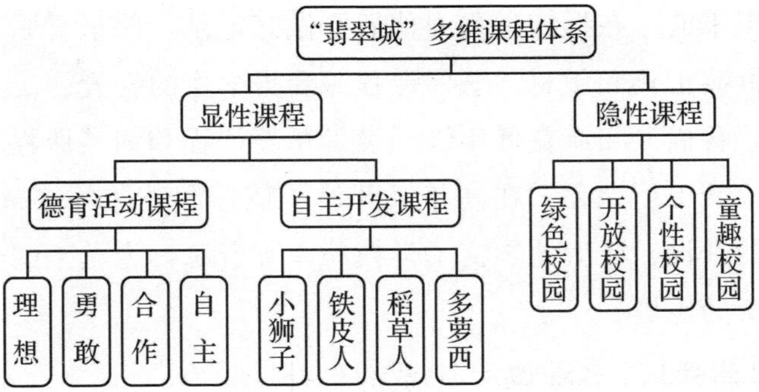

图 3-4　"翡翠城"多维课程体系

显性课程包括德育活动课程和自主开发课程。德育活动课程实际上

① [法]卢梭：《爱弥儿》，李平沤译，7 页，北京，商务印书馆，1996。

也是自主开发的校本课程，但考虑到德育在学校教育中的重要性，所以在搭建课程体系时我们将德育活动课程做了单独的区分。隐性课程指的就是对学生产生潜移默化影响的环境文化课程。

1. 德育活动课程：主题课程

学校把《绿野仙踪》中不同人物的性格特点与当代学生最需要培养的几种道德品质相结合，最终提炼出了“理想”“勇敢”“合作”“自主”四个主题，并且围绕这四个主题开展了一系列德育活动。“理想”主题注重引导学生树立远大理想，追求美好梦想；“勇敢”主题则注重培养学生勇敢、坚强的意志品质，从而使学生勇于直面困难和挫折；“合作”主题则注重培养学生的团队合作精神；“自主”主题则注重培养学生的自主意识和独立动手能力。我们结合“理想”“勇敢”“合作”“自主”四大主题进行重点打造，让不同年级的活动尽量围绕它们展开，以凸显这几大核心理念。与四个德育主题相结合的活动包括学校的各种文化节，如体育文化节、阅读文化节、艺术文化节等。

图 3-5　“团结合作力量大”主题德育活动

2. 自主开发课程：校本课程

自主开发课程均以“绿色成长教育”的母体——《绿野仙踪》中的四个主人公的名字命名，涵盖 60 余门必选、自选课程。我们实行的是长短课时并行制(上午前三节课是 35 分钟，后面及下午的课都是 30 分钟)，这使得这些必选课程进入课表成为可能。大部分必选校本课程都是每周 1 课时，意在让学生感受、体验。自选课程则主要利用周五下午采用“走班制”的方式进行，学生可以根据自己的兴趣选择自己喜欢的课程进行学习。教师针对学情和学校的培养目标，投入了大量的时间和精力，确定课程纲要，自主研发校本课程成果，在五年中通过实践、修订、再实践、再修订，使 15 项校本课程成果逐步趋于完善，有的已经作为图书出版，这些都是教师集体智慧的结晶。钢琴、篮球、葫芦丝等必选校本课程，更是为学校的整体课程框架涂上了独特的厚重底色。

图 3-6　校本课程成果：《实验梦工厂》 图 3-7　校本课程成果：《拆着玩儿》

3. 环境文化建设：隐性课程

我们从零起步建设学校环境文化。把环境文化纳入学校的课程体系之中，能使得目标更加明确，思路更加清晰，从而有利于整体规划，逐步推进。在几年的发展中，学校独具特色的环境文化成了一张无言的教育名片，深受师生的喜爱。我们遵循“开放童趣、自由舒展”的原则规划校园，努力将校园的每个角落都注入教育的元素，尽可能开放所有的教育资源，让学校的每一寸空间都为学生的绿色成长服务。学生处处可玩，随处可学。我们把计算机、图书、乐器等全部放在楼道里，把科技馆也建在楼道里，学生在玩中体验学习的快乐，学在不经意间应该是学生学习的最佳境界。校园里的校树——银杏、校花——海棠时刻提醒学生要保持优雅、坚忍。后来我们又拓展了育人空间，在教学楼的天台上开辟了近两千平方米的空中花园，种植了 18 种中草药供学生欣赏、学习，学校操场边的翡翠公园里有我们的笼式足球场、种植体验园。所有这些都是隐性课程的具体体现。

在实践中我们渐渐发现：“翡翠城”多维课程体系存在逻辑错误，自主开发课程和德育活动课程的区分并没有基于同一个标准；校本课程过于繁杂，使得培养目标指向不清晰；“小狮子系列课程”“多萝西系列课程”等名字指代不清，不能很好地体现校本课程的内涵；这个体系只是一个纯粹的校本课程体系，没有涉及国家课程的校本化实施，三级课程之间缺少有机的联系。为了解决这些问题，我们陷入思考。在思考中我们达成了三点共识：第一，新的发展阶段就应该确定新的发展目标，并在继承中去发展。第二，我们必须冷静地做减法，凸显主干。第三，学生的成长不单纯是知识的累积叠加，教师在传授知识的同时必须联系学生的生活实际，将他们的社会体验、自身经验与知识相结合，使之内化为学生健全人格的一部分，这才是学生的真正发展，这也正是我们所追求的绿色成长。

二、第二阶段：构建整体课程体系(2013 年至今)

2013 年，学校成为北京市遨游计划项目课程创新实验校。更高的平台给了我们更深入思考的空间。2014 年，我们又申报了北京市课题——“校本课程品牌化建设的实践研究”。在课题实践过程中，在与专家一次次的思想碰撞中，在一次次参与兄弟校的课程观摩中，我们豁然开朗：学校的校本课程必须在充分考虑学校文化的基础上进行整体构建，向上对接办学理念，向下统摄课程的各项工作。在横向(内容)上，课程要充分兼顾三级课程，兼顾德智体美劳全方位的发展；在纵向(进阶)上，课程要有梯度，层层递进，每一层次都要成为上一层次的基础，这样的课程上下对应、互融共通。本着这种认识，我们对最初的“翡翠城”多维课程体系进行了重新修订。

(一)对原有的课程结构进行调整

首先，我们对原有的课程结构进行了调整，对有些不属于课程范畴的内容进行了删减，同时保留了“显性课程”中自主开发课程中的四个系列，即“小狮子系列课程”“铁皮人系列课程”“稻草人系列课程”“多萝西系列课程”。这部分内容成为新课程体系的基础。我们通过赋予它们更多的内涵，使它们的指向更清晰，内容更具体。

其次，我们对“德育活动课程”与“隐性课程”进行了提炼与整合，即从德育活动和环境设置中提取那些系列性、稳定性的内容，作为新的“德育课程”与“环境课程”的内容。根据北京市提出的“中小学各学科开展不低于10%学时的学科实践活动课程”的要求，我们将原有的德育活动课程改为“绿野仙踪”主题实践课程。在实施过程中我们也不再要求每个年级都围绕理想、勇敢、合作、自主等关键词展开，而是以年级为单位，让每个年级设定与学校文化相关联的主题，如一年级是“入学季课程”，二年级是“勇气课程”，三年级是“博爱课程”，四年级是“悦己课程”，五年级是“梦想课程”，六年级是“毕业季课程”。实践课程与原有的四个系列课程共同构成了新课程体系中的基础类课程。

最后，我们把原来的“德育课程”加以改进，突出实践性，在形式上仍以主题的形式完成学生的实践活动。学校的“绿色成长教育”是与“翡翠城”联系在一起的，而两者又是与童话《绿野仙踪》联系在一起的。童话中的四位主人公各有各的梦想，我们针对培养目标，提炼出了四大关键词——“勇气”“博爱”“悦己”“梦想”，将其作为“绿野仙踪”学科实践主题，再加上一年级的“入学季”和六年级的“毕业季”，它们形成了一个指向明确的实践活动体系，这个体系后来被我们命名为“绿野仙踪”主题实践课程体系（如图3-8所示）。

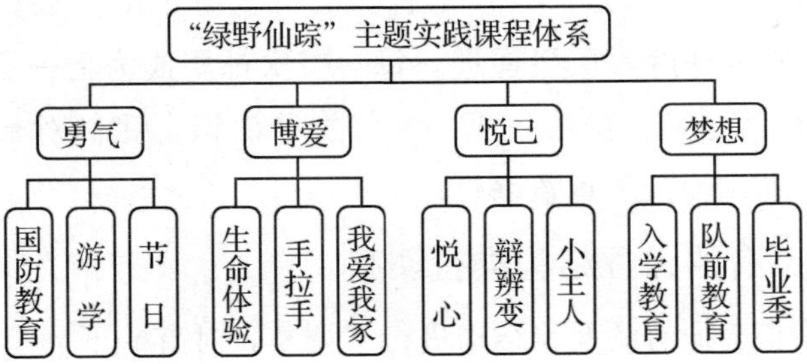

图3-8　“绿野仙踪”主题实践课程体系

（二）强化新课程与学校文化的关系

众所周知，课程是介于教育和教学之间的中观层面，因而它的理念和特点自然应该来自学校的办学理念。而在原有的课程体系中，除了“四个人物”与学校文化有关联，其他与学校文化的联系并不紧密，这样的课程怎能体现我校特色？在新课程的改进过程中，我们将学校的培养目标——“培养快乐生活、勇于探索的梦想少年”作为课程框架的最顶层，统领下位的所有内容，这体现了课程建设的终极目的。我们将学校的许多特色课程纳入三级课程体系中，如拆着玩儿、实验梦工厂、笼式足球、奥兹科学社、翡翠娃艺术团等。“悦己爱人 智勇双修”是我们的校训，“绿野仙踪”主题实践课程中各年级的主题正是出自这里，如“勇气课程”“博爱课程”“悦己课程”“梦想课程”等，实践活动直接指向校训的内涵。

（三）对课程进行整体构建，使课程更具系统性

为了促进国家课程与校本课程的有机融合，真正实现“让课程适合每一个学生”的目标，我们依据“整体构建，因材施教”的原则，积极推进国家课程的校本化实施。同时，进一步将所有课程深化与统整，在横向上将课程分为健康、人文、艺术、科技四大门类，学生可以根据兴趣各自选取所需的课程进行学习；在纵向上将课程分为基础、拓展和特色三个层次，基础类课程主要涉及国家课程及必选的校本课程，拓展类课程是相应的一些自选课程，特色类课程主要是学校的精品社团和校队。课程的整个水平由低到高，满足了不同学生的需求。

比如，“多萝西系列课程”中的基础类课程——“科学”是必选课程，每个学生都要进行系统学习。在拓展类课程中，根据学生的兴趣、需要，我们又开设了“3D 打印”“美妙的瞬间”“DIY 动手做”等自选课程，用于拓宽学生的科技视野。在特色类课程中，我们把校本必选课程“实验梦工厂”列入三年级课表，把“拆着玩儿”列入四年级课表，每周一节，内容设置主要是科技启蒙，让学生在各种有趣的小实验和拆装鼠标、小闹钟、手电筒等小物件的过程中，感受到科学就在身边，这些科学素养

是学生未来发展所不可或缺的，是基础启蒙。在特色类课程中，我们还开设了俱乐部双选课程——“奥兹科技社”，包括单片机、海模、机器人等课程，它们是学校的特色、品牌课程。有兴趣的学生还能在更高层次上进行系统学习。

“十年磨一剑”，打着“翡翠城”印记的“绿色成长”课程体系日臻完善，体现了课程的整体性、系统性，城堡的形状彰显着童趣，多元的课程门类满足了不同潜质学生的发展。

第三节　课程体系建设

著名学者泰勒根据课程的组织结构，将学校课程分为四大类：一是学科课程(如地理、历史和代数等)；二是广域课程(如社会学科、自然科学和语言艺术等)；三是核心课程(与学科课程或广域课程结合起来使用)；四是完全未分化的课程(即把整个教学计划作为一个单元来处理)。[①] 这样的分类，可以为我们构建学校课程体系提供很好的借鉴。

我校目前所开设的课程大致上分为工具类学科、知识类学科和技艺类学科。工具类学科主要指语文、数学和外语。这三门学科是学习其他学科知识的基础，本身也有发展学生心智的价值，因而历来受到人们的重视。一般而言，工具类学科在学校课程中的比例约为50％。知识类学科主要指社会学科与自然学科两大类。这类学科包括历史、地理、政治、物理、化学、生物等。一般来说，有条件的学校，已经打破学科界限，以跨学科或多学科的方式来进行综合课程实践。技艺类学科主要指技能类与艺术类课程，如体育、音乐、美术等。这类学科对学生的身心发展具有重要的作用，它可以锻炼学生的身体素质，培养学生的审美能力，教会学生生活中所需的基本的劳动技能。

---

① 施良方：《课程理论——课程的基础、原理与问题》，120页，北京，教育科学出版社，1996。

《北京市实施教育部〈义务教育课程设置实验方案〉的课程计划（修订）》中明确指出，在课程设置的过程中“要关注课程的整体育人功能以及学科内、学科间的联系与整合，加强综合实践活动课程的开发与实施，大力培育和践行社会主义核心价值观”。义务教育阶段的课程包括品德与生活，品德与社会，思想品德，历史与社会（历史、地理），科学（物理、化学、生物），语文，数学，外语，体育与健康，艺术（音乐、美术），综合实践活动等课程，以及地方课程与校本课程。

在此基础上，北京小学翡翠城分校积极构建具有学校自身特色的课程体系。人们都说有什么样的办学理念就会有什么样的课程。的确是这样，我校的“绿色成长”课程体系（如图 3-9 所示）就集中体现了翡翠城理念：城堡式的课程体系框架、鲜明的色彩搭配、四横三纵的体系构成、琳琅满目的课程门类，无不打上了“翡翠城文化”的烙印。

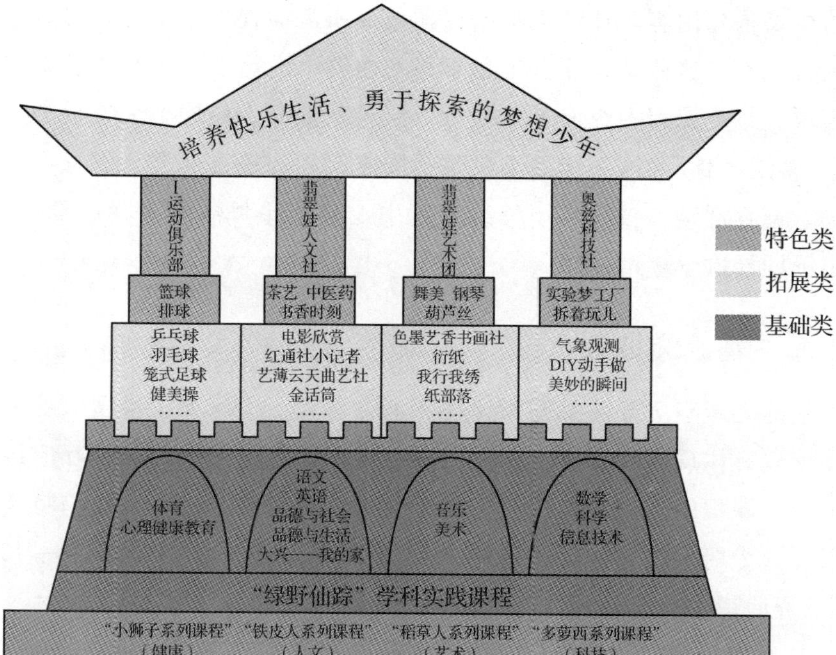

“绿色成长”课程体系

图 3-9　“绿色成长”课程体系

一、完整的课程体系

我们的课程体系框架之所以为城堡形状，是因为我们的校名是“北京小学翡翠城分校”，这里是学生筑梦的城堡，是学生的家。城堡式造型还彰显着我们的课程与童话《绿野仙踪》的密切联系。童话中四个主人公实现梦想的地方也在翡翠城，这与我们的校名不谋而合，因此我们选用城堡式框架再合适不过了。还有，城堡的屋顶代表学校的培养目标，这体现了课程与培养目标之间的密切联系，体现了“课程为每一个学生成长服务”的理念。

课程体系的框架结构为“四横三纵”：横向是根据《绿野仙踪》中的四个主人公身上的品质提炼出的“健康类、人文类、艺术类、科技类”四类课程，体现了“多维性”，它们从健康、人文、艺术、科技四个角度为学生的成长构建内容，让学生根据兴趣选择所需课程进行学习，彰显了学生的自主性。这些课程涵盖了各学科的内容，满足了学生在成长中的不同需求。每类课程在纵向上又分为三层：基础类、拓展类和特色类，体现了“多层次性”。这一体系不仅包括国家课程和地方课程，而且将校本课程、德育活动、校园环境等纳入其中。整个课程体系水平由低向高，满足不同层次学生的需求。

二、基础类课程

基础类课程主要涉及国家课程和地方课程。国家课程由国家统一开发和管理，体现国家意志，这是“保底”课程，因此所有的课程都应该在完成国家课程的基础之上展开。根据北京市课程改革精神，我们将基础类课程分为两大类，一是占 90％的国家课程和地方课程，二是占 10％的“绿野仙踪”主题实践课程。（如表 3-2 所示）

表 3-2 北京小学翡翠城分校基础类课程

类别 层次	“小狮子系列课程”(健康)	“铁皮人系列课程”(人文)	“稻草人系列课程”(艺术)	“多萝西系列课程”(科技)
基础类课程（国家课程、地方课程）	体育 心理健康教育	语文 英语 品德与社会 品德与生活 大兴——我的家	音乐 美术	数学 科学 信息技术
	“绿野仙踪”主题实践课程			

我们依据学科课程标准，在保证落实国家课程和地方课程的基础上，进行学科内的课程融合，通过补充、拓展等方式，将课程再加工，进行校本化实施。这种举措展现了我校课程实施的实力，也使课程实施更加符合学校的培养目标，为学生的后续成长奠定了更加坚实的基础。我们现在使用的是人教版教材，但是教师手里还有苏教版、北京版、北师大版等各版本教材，大家在搞教研活动时主要以人教版为蓝本，然后灵活地选用各版本的教材，以融合课程为载体，将课程资源、课外资源提取、整合，并融入学科教学之中。

图 3-10 来自美国友好校的学生与我校学生在课堂上

例如，在教授英语时，我们从整体入手，把英语与其他学科整合在一起，让学生在学习语言的过程中涉猎其他学科的知识。经典英文歌曲赏析、民族传统节日介绍、运动项目与体坛明星简介、英语戏剧等都是学生喜闻乐见的内容。我们在每节课中设置了“精彩两分钟”展示环节，一下坚持了八年之久，低年级学生用英语进行自我介绍，中年级学生进行话题阐述和互动问答，高年级学生用英语讲故事和用英语配音。“国内外游学”作为一门课程，更是开启了学生的梦想之门，他们变得敢于开口说英语了，他们用所学知识与各国学生自由地交流。

"绿野仙踪"主题实践课程(如图3-11所示)立足于学科教学，以自身体验、实践为主要参与形式，以主题的形式展开，分为"勇气""博爱""悦己""梦想"四个课程系列，还有一年级的"入学季"和六年级的"毕业季"。

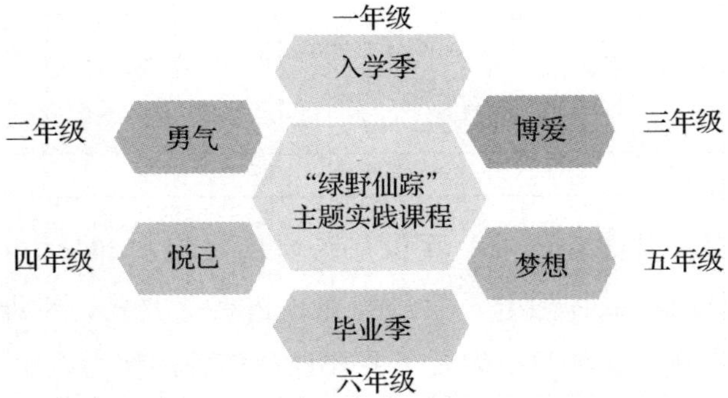

图 3-11　"绿野仙踪"主题实践课程

每个系列的课程之下都设有资源库供教师选择，课程实施时间一般为一周。在课程实施前，师生确定主题，研讨课程方案，可以把资源库中的内容任意进行组合，也可以自主研发。这种主题明确、形式自主的课程实施方式深受师生喜爱。例如，二年级的"勇气"课程资源如表3-3所示。又如，"博爱"课程系列中的"成长账单"课程，是三年级教研组集体研究的结果。它融合了音乐、美术、语文、数学等多学科的教学内容，让学生在一系列的实践活动中学会感恩。

表 3-3　"勇气"课程资源一览表(二年级)

学科相关知识	相关活动参考	外出实践资源单位
1. 语文：二年级上册第二单元《我选我》、二年级下册第四单元《动手做做看》 2. 美术：二年级下册第五课《到天空去旅行》 3. 品德与生活：二年级下册第四课《面对挑战》 4. 数学：二年级下册《数据收集与整理》 ……	1. 亲子运动会 2. 小干部竞选 3. 国防教育(军训) 4. 游学 5. 生命体验 ……	1. 中国人民抗日战争纪念馆 2. 航天科普教育基地 3. 北京植物园(定向猎狐) 4. 中国航空航天博物馆 5. 丛林总动员拓展活动 ……

三、拓展类课程

拓展类课程(如表 3-4 和表 3-5 所示)主要涉及校本自选课程，主要是为了满足学生的多样化发展需求。所谓校本课程，是指某一类学校或某一级学校的个别教师、部分教师或全体教师，根据国家制定的教育目标，在分析本校外部环境和本校内部环境的基础上，针对本校、本年级或本班特定的学生群体，编制、实施和评价的课程。[①] 学校提供给学生的课程越丰富，学生的成长经历就会越多彩。我们有五十多门拓展课程，利用隔周周五下午的半天时间，以全校学生大走班的形式开展。

表 3-4　北京小学翡翠城分校北校区拓展类课程

类别 层次	“小狮子系列课程”(健康)	“铁皮人系列课程”(人文)	“稻草人系列课程”(艺术)	“多萝西系列课程”(科技)
拓展类课程 (校本自选)	笼式足球 羽毛球 象棋 乒乓球 ……	红通社小记者 曲艺 朗诵 英语戏剧 ……	我行我绣 纸部落 衍纸 美艺添国画 ……	气象观测 DIY 动手做 美妙的瞬间 3D 打印 ……

表 3-5　北京小学翡翠城分校南校区拓展类课程

类别 层次	“小狮子系列课程”(健康)	“铁皮人系列课程”(人文)	“稻草人系列课程”(艺术)	“多萝西系列课程”(科技)
拓展类课程 (校本自选)	羽毛球 排球 武术 双节棍 ……	散曲 小作家 朗诵 英语戏剧 ……	我行我绣 纸部落 衍纸 美艺添国画 ……	气象观测 DIY 动手做 美妙的瞬间 ……

① 王斌华：《校本课程论》，1 页，上海，上海教育出版社，2000。

有很多课程是学生自己研发的，他们自己招募团员，自己组织实施，他们组织的项目千奇百怪，学生的能量在不同地方得以释放，能力在各种课程中得以培养，这种自主性、多样化的成长方式让学生展露出自信与大气。对于校内外组织的各种比赛，我们鼓励学生踊跃报名，我们看重的不是名次，而是为所有学生提供尽可能多的展示机会，为他们的可持续发展积蓄力量。

四、特色类课程

苏霍姆林斯基指出，人的个性是一种由体力、智力、思想、情感、意志、情绪等炼成的最复杂的合金，不了解这一切就谈不上教育。每个学生都有个性，只有个性得到发展，才能演绎出不同的人生。基于这种认识，我们在课程体系的最高层设立了特色类课程，它分为必选课程（如表 3-6 和表 3-7 所示）和双选课程（如表 3-8 所示）。必选课程是为了凸显学校独特的培养目标，北校区开设的形体、拆着玩儿、实验梦工厂、篮球等课程以及南校区开设的葫芦丝、足球等（教材呈现）课程都是学校教师根据学生实际情况自己编写的，经过八年的反复修改，目前已经趋于成熟。双选课程主要是为了促进特长学生的发展，如 I 运动俱乐部、翡翠娃艺术团、翡翠娃人文社、奥兹科技社，它们是学生梦想的摇篮（各种校队比赛、表演），培养了学生的团队合作精神和坚韧不拔的意志品质，为他们的成长积淀下了厚重的底色。尤其是俱乐部双选课程，它所面向的是在某方面具有一定专长的学生。这些学生的特长能够代表全校学生在某些领域的最高水平，他所在的团队应该是本校水平最高的团队。要想使学生实现绿色成长，我们就要尊重每个学生的学习兴趣和个性特长，尽可能满足每个学生的成长和发展需求。

表 3-6　北京小学翡翠城分校北校区特色必选课程

层次＼类别	“小狮子系列课程”(健康)	“铁皮人系列课程”(人文)	“稻草人系列课程”(艺术)	“多萝西系列课程”(科技)
特色类课程（校本必选）	篮球（五、六年级）	阅读（一至六年级）	钢琴（一、二年级）舞美（一、二年级）	实验梦工厂（三年级）拆着玩儿（四年级）

表 3-7　北京小学翡翠城分校南校区特色必选课程

层次＼类别	“小狮子系列课程”(健康)	“铁皮人系列课程”(人文)	“稻草人系列课程”(艺术)	“多萝西系列课程”(科技)
特色类课程（校本必选）	排球（五、六年级）	阅读（一至六年级）茶艺（三、四年级）中医药（五、六年级）	葫芦丝（一、二年级）舞美（一、二年级）	实验梦工厂（三年级）拆着玩儿（四年级）

表 3-8　北京小学翡翠城分校特色双选课程

层次＼类别	I运动俱乐部	翡翠娃人文社	翡翠娃艺术团	奥兹科技社
特色类课程（校本双选）	篮球、排球、足球、健美操	翡翠娃电视台、茶与文化	管乐、民乐、合唱、舞蹈	海模、航模、单片机、机器人、3D打印

学校为学生提供了多样化选择的空间与平台，并在此基础上为学生提供了纵深发展的机会，做到下能保底，上有出口，让学生在扬长避短和取长补短中变得更加优秀。这种多层次的课程体系既达到了“普及性”，又使在某一方面有天赋或对某一方面感兴趣的学生能沿着基础、拓展、特色的阶梯成长，为学生成为某一领域的顶尖人才提供了平台与路径。这种课程的实施模式既保证了国家课程的落地，又明确了校本课程的位置和意义——下接国家课程获得基础，上连精品课程和校队课程获得出口。

图 3-12 I运动俱乐部

五、课程体系构建初现成效

学校的理念和文化决定着学校课程体系的构建，课程的完善与实施又促进了学校的发展。近年来，“绿色成长”课程体系的实施带动了学校的全面发展，使翡翠城这所本就年轻的学校更加充满了生机与活力，初步实现了学生、教师、学校“三位一体”的发展，得到了学生家长、社会和教育主管部门的肯定。我们先后获得“最具发展潜力的学校”“北京市遨游课程实验校”“北京市教育科研先进学校”“全国教育系统先进组织”“北京市校园文化示范校”“北京市数字化校园示范校”等称号。

我们先后接待了几十个来自国内外教育同行的参观团，近三年中，承办国家级、市区级课题相关会议三十余次，一跃成为区域内窗口学校。当然，更重要的是，课程建设提升了学校的教育教学质量，为学生提供了更有品质的学习生活，因而赢得了学生家长和社会各界的信任，为学校发展增添了不竭的动力。

发展课程特色是一所学校寻求发展的必经之路，其必要性简单来说在于两点：一是学校自身特征。每所学校都有自己的生源特征和师资队伍特征。独特的生源特征决定了学生不同的需求，因此学校需要为学生提供符合其发展需求的特色课程，而师资队伍特征是学校进行课程设计时必须要考虑的因素，学校要寻找学生发展与师资队伍特征的最佳契合点，保证学生的需求得到最大限度的满足，教师的能力得到最大限度的发挥。二是学校发展需要。从管理的角度来讲，作为教育组织，一所学校只有建立了自己的“个性”，才能与兄弟学校区分开来，才能更好地提升学校师生对学校的认同感、归属感，从而促进教学效率和教学质量的提升。从本章的内容可以看出，北京小学翡翠城分校正是在考虑师生特征的基础上，在学校发展的过程中逐步建立了具有鲜明“翡翠城”印记的课程体系。可以预见的是，随着一年又一年生源特征的变化，随着教师队伍的新老交替，随着学校教育教学经验的积淀，北京小学翡翠城分校还会不断地调整、完善课程建设方案，在发展特色课程的道路上勇往直前。

第四章

知识创构：课程的内容建设

一所学校在明确自身的课程目标，即课程建设工作的价值依据之后，就要展开对课程内容的构建。对课程内容的构建，并不是简单地把各门学科知识拼凑在一起，还要经过一定的“教学论改造”，不仅参考教育学和心理学的相关内容，而且参考相应的社会因素。[①] 简言之，课程内容的构建是指学校依据办学理念、育人目标、办学资源等多种因素对学科知识体系进行的创造性选择与建设，使之符合学校教育教学的需要。我们将这一行为称为“知识创构”。

课程内容的“知识创构”看似简单，实际上非常不易。在第一章我们提到了课程建设的时代背景，在第二章和第三章又介绍了课程建设的目标和特色定位，所有这些最终都要落到课程内容上。从学校的课程建设实践来看，课程内容的“知识创构”其实是一个“观察—实践—反思—提升”的过程。原因就在于学校既要依据学生特征“因材施教”，也要根据师资特征“因师而教”，同时还要考虑社会发展对人才需求的变化。因此，课程内容的“知识创构”，就是在结合各方面的要求、变化的过程中逐步探索、磨合的过程。这个过程既有遵循教育教学规律的必然性，也有结合社会、教育发展阶段特征以及师生特征的偶然性。简单来说，课程内容的“知识创构”就是根据社会发展对人才的需求、学生特征和师资特征，重新组织与建立知识体系的过程。在这个过程中，学校在自身教育理念和教育追求的指引下，综合各方面的要求，逐步探索、总结，形成一个个具体的课程成果，即校本化的具体课程的知识体系，以及整体的学校课程体系。

北京小学翡翠城分校在深刻把握课程“知识创构”的规律、特点与我国课程内容发展趋势与现状的基础上，紧紧围绕“绿色成长教育”的办学理念、“培养快乐生活、勇于探索的梦想少年”的育人目标与“勇气、博爱、智慧、梦想”的课程目标来进行课程内容的建设。经过 11 年的探索，学校推出了一批校本化课程。那些特色鲜明、深受学生喜爱的校本

① 钟启泉：《现代课程论(新版)》，248 页，上海，上海教育出版社，2015。

课程，成为我们在课程上进行"知识创构"的重要成果，展现了学校不断提升的课程实践能力。

下面我们将对四大类课程中的具体课程逐一进行考察，并展示学校对课程整体知识结构的基本看法。

第一节　健康类课程：身体、意志、心理的多重建构

健康的身体是学生学习最基本的前提，体质的强弱直接影响学生的成长与发展，健康类课程在增强学生体质方面发挥着重要作用。健康类课程的建构以提升学生身体素质为基本出发点，兼顾学生健康心理和意志力的培养，目的在于培养身心健康的学生。健康类课程的内容要有较强的实践性，以保证学生能充分地锻炼身体，在此基础上要搭配适当的知识类内容，确保学生能学到一定的有关健康的理论知识。

图 4-1　体育节跳高比赛

基于上述认识，学校结合现有资源，建构了健康类课程，并将其定名为"小狮子系列课程"。小狮子是代表我校办学理念的四个小主人公之一，寓意着勇敢的意志和强健的体魄。所谓健康，是指"在身体、心理

和社会三方面保持一种完整、良好的生活状态，而不仅仅是免于身体上的疾患和残弱”[①]。

“小狮子系列课程”是一种以身体练习为主要手段、以增进学生健康为主要目的的课程。它是在对原有的体育课程进行深化改革，并突出健康目标的基础上形成的一类课程。它是我校课程体系的重要组成部分，是实施素质教育和培养德智体美全面发展人才必不可少的途径。

一、基本情况

“小狮子系列课程”是基础性、实践性、健身性、综合性的完美统一，它致力于培养学生自立自信、勇于探索的品格，共分为三种类型：基础类、拓展类和特色类。具体课程如表 4-1 所示。

表 4-1　“小狮子系列课程”

层次 类别	基础类	拓展类		特色类	
		南校区自选	北校区自选	必选	双选
健康类 （“小狮子系列课程”）	体育 心理健康教育	羽毛球 排球 武术 双节棍 ……	笼式足球 羽毛球 象棋 乒乓球 ……	篮球 （五、六年级） 八段锦	I运动俱乐部

基础类课程包括体育和心理健康教育两门必选课程，重在提高学生的身体素质和心理素质；拓展类课程包括羽毛球、武术、笼式足球等，重在培养学生的兴趣；特色类课程包括篮球、八段锦、I运动俱乐部，重在培养学生的运动技能。

“小狮子系列课程”中的“自主性创构”课程情况如下：

南校区建筑面积不大，操场小，而北校区建筑面积相对较大，操场也较大，有一个 300 平方米的运动场，而且紧临翡翠公园。我们借助社

---

① 苏静静、张大庆：《世界卫生组织健康定义的历史源流探究》，载《中国科技史杂志》，2016(4)。

图 4-2　武术

区的力量，在公园里设立了笼式足球场。学校和公园仅一墙之隔，我们开了个小门，便于出入。基于此，南校区开设了羽毛球、排球、武术、双节棍等课程，北校区开设了笼式足球、羽毛球、象棋、乒乓球等课程。活动时间为每周 1～2 小时。“小狮子系列课程”之拓展类课程是在充分利用学校场地、师资等条件的基础上自主开设的一些课程，对于提高学生基本素质，完成育人目标都有积极的推动作用。

“小狮子系列课程”中的“提高性创构”课程情况如下：

北校区的发展特色凸显国际化，南校区的发展特色凸显民族化，为此，我们根据体育师资情况和校区的地域特点，在北校区开设了篮球课程，在南校区开设了八段锦课程。

双选课程指 I 运动俱乐部(含篮球队、排球队、足球队)。俱乐部课程不同于一般的校本课程，也不同于一般的学生社团课，招生主要采用双选的形式，即学生自愿报名，学校对报名者进行相应的综合考评，学生通过考评之后才能被录取。俱乐部的特点在于具有相同兴趣爱好的学生聚在一起，采取校内外专业人员指导和成员自治相结合的方式开展活动，具有高水平、针对性、独特性、小众化的特点，学习内容更加高端、深入、专业，更具有挑战性，在发展过程中更易凸显出学校的品牌化倾向。学生们互相鼓励，相互切磋，在探究中学习本领，增进友谊，培养坚忍、持久的意志品质，这也正是我们开展此类课程的目的。I 运动俱乐部，凸显课程的实践性和综合性，是根据学校的师资水平和学生的个性特长，在充分征求大家意见的基础上开设的，它代表学校学生球队训练的最高水平。

图 4-3　篮球班级联赛

二、几点思考

几年来，学生们通过学习“小狮子系列课程”，锻炼了毅力，增强了团队合作意识，取得了很好的成绩。在这个过程中，我们也在不断地梳理，总结出以下课程建设方面的经验。

第一，及时对学生进行评价。我们每学期期中和期末都会对学生进行表彰，在平时的训练中，则力求对每个队员及时进行欣赏性评价。欣赏性评价是发现并欣赏学生特质与优势的评价。我们以学生实际具备的素质为基础来建构评价指标。欣赏性评价属于真实性评价、个性化评价和优势评价的范畴。作为评价方法，它与综合素质评价在评价内容、评价方式等方面具有内在的一致性。① 欣赏性评价极大地激发了学生参与健康类课程的热情，使他们通过参与课程，提高了身体素质。

① 罗祖兵：《欣赏性评价：综合素质评价的方法论选择》，载《课程·教材·教法》，2018(1)。

第二，完善选拔机制，择优而选。任课教师要及时发现并推荐有运动天赋的学生。队员通过推荐或选拔的方式进入校队。训练实行弹性机制，充分发挥学生的主观能动性和传帮带的作用。对于老队员，我们举行形式不同的欢送会，同时招募新队员，便于将队内优良传统代代相传。在保证不影响学习的前提下，队员们要尽力去完成高强度、高质量的训练。

第三，进一步完善课程管理制度。我们建立了严格的考勤制度，让学生养成良好的行为习惯。此外，根据目前学生的训练情况，开展校队早训和周六日训练，早训和周六日训练的具体时间由校队教练决定。同时，在提高现有师资水平的前提下，不断引进优秀教师。

第二节　人文类课程：德行与文化的双重奠基

人文类课程是针对人文知识进行创构的课程。人文知识，是与自然知识、社会知识相对应的一种知识类型，其本质是以语言(符号)的方式对人文世界的把握、体验、解释与表达。人文知识包括感性内容和理性内容，它具有自己相对独立的特性，如主观性、反思性、个体性等。相比自然知识与社会知识，人文知识更容易被人忽视，因而在教育上也就更显出其重要性。以人文知识为内容的人文教育，在我国当代教育改革中备受重视。

人文类课程的建构以“立德树人”为宗旨，包括价值观和知识技能等内容。低年龄段学生重在价值观的培养，高年龄段学生重在知识技能的培养。基于以上认识，我们建构了具有我校特色的人文类课程，并将其定名为“铁皮人系列课程”。《绿野仙踪》中的铁皮人渴望拥有爱的能力，因此我们的校训是“悦己爱人　智勇双修”，我们希望每个学生都能正确认识自己，悦纳自己，学会反思，取长补短，这也是“爱人”的前提。

一、基本情况

“铁皮人系列课程”立足于培养学生健全的人格，课程内容包括正确的价值观和良好的品德与行为等的培养。“铁皮人系列课程”主要包括基础类课程、拓展类课程、特色类课程三大类，如表 4-2 所示。

表 4-2　“铁皮人系列课程”

类别＼层次	基础类	拓展类		特色类	
		南校区自选	北校区自选	必选	双选
人文类 （“铁皮人系列课程”）	语文 英语 品德与社会 品德与生活 大兴——我的家	散曲 小作家 朗诵 英语戏剧 ……	红通社小记者 曲艺 朗诵 英语戏剧 ……	阅读 （一至六年级） 茶艺 （三、四年级）	翡翠娃人文社

“铁皮人系列课程”之拓展类课程以培养学生的健全人格为基本宗旨。培养具有健全人格的儿童是促进社会和谐的重要举措，在儿童早期就开始进行健全人格的培养是十分有必要的。[①] 正是基于以上思考，我们通过自选形式来构建人文类课程，力求照顾全面，又发展个体。

为了凸显学校的课程特色，根据师资情况，南、北校区的地理位置，以及学生的兴趣爱好等，我们在南校区开设了散曲、小作家、朗诵、英语戏剧等课程，在北校区开设了红通社小记者、曲艺、朗诵、英语戏剧等课程。

图 4-4　课本剧演出

① 马振、杨丽珠、范文翼：《小学生健全人格培养目标体系的构建》，载《心理研究》，2016(2)。

必选类课程侧重于学生基本人文素养的培养，双选类课程则侧重于技能的锻炼。南、北校区在课程建设方面互相补充，齐头并进，北校区凸显国际化，开设阅读、科技等课程，南校区凸显民族化，开设茶艺、中医药等课程。阅读和茶艺课程能够更好地弘扬中华民族传统文化，对学生进行社会主义核心价值观的教育，它们是特色类课程中的必选课程。“铁皮人系列课程”之特色类课程凸显了学校的办学特色，极大地提升了学生的人文素养，也为他们未来的人生发展提供了有益的帮助。

二、几点思考

课程是培育人才的“土壤”。我们按照国家课程、地方课程、校本课程的三级指标体系，满足学生的成长需求，侧重培养学生的创新精神和实践能力，凸显人文类课程宽、厚、实的特色。例如，语文的“一揽子工程”、英语的戏剧课程、国粹京剧社团等，都开阔了学生视野，增加了学生的文科知识积累。

图 4-5 书香阅读时刻

为了提高学生的阅读水平，引导学生养成良好的阅读习惯，我们实施了“1＋N 一揽子”读书工程(如表 4-3 所示)。“1”为每月必读书目。开卷前，教师要有引领，读后要组织学生分享。“N”为每月选读阅读的图书。教师鼓励学生到图书馆借阅书籍，并将其作为书篮中的选读书目，在每月一次的分享课上，让学生“晒晒书篮子”，比比谁读的书最多。教师还充分利用班级图书角、学校图书馆的资源，每月进行“读书大王”的评选，学期中组织朗读比赛、诗词大会等，学期末各班评选“小书虫”和“亲子阅读模范家庭”。

表 4-3　北京小学翡翠城分校"1＋N 一揽子"读书工程书单

年级学期	同读书目	选读书目	年级学期	同读书目	选读书目
一年级上	1.《绿野仙踪》(绘本版)	《你看起来好像很好吃》	一年级下	1.《胡萝卜种子》	《青蛙和蟾蜍》
	2.《猜猜我有多爱你》	《逃家小兔》		2.《小黑鱼》	《走进奇妙的数学世界》
	3.《蚯蚓的日记》	《我爸爸》		3.《你很特别》	《一年级的小朵朵》
	4.《爷爷一定有办法》	《想吃苹果的鼠小弟》		4.《我爱美术馆》	《生气汤》
	5.《鸭子骑车记》	《和雨蛙爸爸一起去采集昆虫》		5.《盘中餐》	《彼得兔的故事》
		《野兽国》			《大师绘本馆：杨永青》
		《地铁开工了》			《一粒种子的旅行》
		《我家是动物园》			《年》
二年级上	1.《小猪唏哩呼噜》(上、下)	《格林童话》	二年级下	1.《没头脑和不高兴》	《不一样的卡梅拉》
	2.《这就是二十四节气》	《暴风雨中的孩子》		2.《了不起的狐狸爸爸》	《自然科学绘本》(套装)
	3.《安徒生童话》	《打灯笼》		3.《自然图鉴》	《豆蔻镇的居民和强盗》
	4.《兔子坡》	《我爸爸的小飞龙》		4.《佐贺的超级阿嬷》	《给孩子的哲学绘本》
	5.《中国传统节日故事》	《小牛顿科普系列》		5.《点亮小橘灯》	《神奇的校车》
		《北京》(绘本)			《鼹鼠博士的地震探险》
		《生命》(绘本)			《木偶奇遇记》
		《小布头奇遇记》			名人传记系列绘本

续表

年级学期	同读书目	选读书目	年级学期	同读书目	选读书目
三年级上	1.《城南旧事》	《时代广场的蟋蟀》	三年级下	1.《第七条猎狗》	《美丽的巴拿马》
	2.《昆虫记》	《长袜子皮皮》		2.《云雾中的古堡》	《大林和小林》
	3.《马小跳系列之跳跳电视台》	《蓝鲸的眼睛》		3.《怪蜗牛奇遇记》	《文身狗》
	4.《我和老爸的战争》	《狐狸列那的故事》		4.《不上补习班的第一名》	《装在口袋里的爸爸》
	5.《奥兹国历险记》	《活了一百万次的猫》		5.《洋葱头历险记》	《笨狼的故事》
		《夏山学校》			《神奇树屋》
		《哈佛家训》			《奇怪的蜗牛》
		《好心眼巨人》			《大侦探小卡莱》
四年级上	1.《中国古代寓言故事》	《西顿野生动物故事集》	四年级下	1.《屋顶上的小孩》	《数学就是这么有趣》
	2.《长袜子皮皮》	《绿野仙踪》		2.《爱的教育》	《天使雕像》
	3.《中华人物故事全书(美绘版)》	《看万物》		3.《地心游记》	《牧羊神豹》
	4.《去野外》	《五毛钱的愿望》		4.《给孩子的汉字王国》	《森林报》
	5.《动物远征队》	《柳林风声》		5.《狼王梦》	《幸运的坏男孩》
		《乌丢丢的奇遇》			《写给儿童的中国历史》
		《我能跳过水洼》			《什么是什么系列》
		《杰作的诞生》			《希利尔讲世界地理》

续表

年级学期	同读书目	选读书目	年级学期	同读书目	选读书目
五年级上	1.《夏洛的网》	《失落的一角》	五年级下	1.《小学生老舍读本》	《哈利·波特》系列
	2.《阁楼里的秘密》	《秘密花园》		2.《名人传》	《狼国女王》
	3.《林汉达中国历史故事集》	《风与树的歌》		3.《蓝色的海豚岛》	《天使雕像》
	4.《草房子》	《桥下一家人》		4.《不老泉》	《红瓦黑瓦》
	5.《海底两万里》	《伟大也要有人懂——一起来读毛泽东》		5.《八十天环游地球》	《神奇的互联网》
		《汤姆叔叔的小屋》			《易中天中华经典故事》
		《少年音乐和美术故事》			《少年读史记》
		《科瓦奇讲植物、动物、天文与地理》			《谁是乔布斯》
六年级上	1.《苏菲的世界》	《水浒传》	六年级下	1.《朝花夕拾》	《俗世奇人》
	2.《钢铁是怎样炼成的》	《小王子》		2.《莎士比亚戏剧故事集》	《毛毛》
	3.《百万英镑》	《骑鹅旅行记》		3.《林海雪原》	《鲁滨孙漂流记》
	4.《西游记》	《绿山墙的安妮》		4.《少年维特之烦恼》	《菜根谭》
	5.《希利尔讲世界史》	《永远讲不完的故事》		5.《假如给我三天光明》	《飞鸟集》
		《茶馆》			《呼兰河传》
		《万物简史》			《希利尔讲艺术史》
		《科学实验王》			《物种起源》

英语课程注重人文性和工具性的统一，主要培养学生的跨文化交际能力。课前 2 分钟英语口语展示、每两年一届的英语节以及英语戏剧课程等，激发了学生的学习兴趣、提高了学生的英语口语表达能力。

图 4-6　翡翠娃电视台

学校的茶艺课程、翡翠娃广播站、翡翠娃电视台、京剧社团等，在实施过程中既彰显了学校的文化品位，又践行了社会主义核心价值观。学生在学习此类课程的过程中，对祖国的茶文化、国粹京剧等知识了解得越来越深入，越来越感觉到民族文化的博大精深、厚重深远，从而加深了对民族文化的认同感与热爱之情。

第三节　艺术类课程：从美的技艺到美的心灵

艺术类课程是对艺术知识、审美知识进行创构的课程，其本质是对生命美的培养，是素质教育的重要内容。艺术是人对美的需求的整体体现，是人的生命内在的需求。[①]《国家中长期教育改革和发展规划纲要(2010—2020 年)》中明确指出，美育对于培养学生健康的审美观念和审美能力，陶冶高尚的道德情操，培养全面发展的人才，具有重要作用。艺术教育是以审美为核心，以学生愉悦感受和积极参与为出发点，以发展学生的审美能力、培养学生的审美情感为目的的素质教育。

艺术类课程内容包括艺术能力和审美素养两大部分，意在实现从美的技艺到美的心灵的升华。基于以上认识，结合自身资源和学生特点，

---

① 荀洪梅：《中小学艺术课程实施现状研究》，博士学位论文，东北师范大学，2013。

我们建构了艺术类课程，并将其定名为“稻草人系列课程”。《绿野仙踪》中的稻草人渴望拥有头脑和智慧。我们的办学目标是培养悦己爱人、智勇双修的学生。为此，艺术类课程从技能的学习、兴趣的培养着眼，旨在培养学生的审美情趣，发展学生的个性特长，提高学生的综合素质。

要实现学生的可持续发展，我们就必须为他们提供充足的营养，而丰富的课程就是学生成长的“主餐”。艺术类课程以提升学生的艺术素养为总目标，依托音乐、美术等国家课程，以校本必选课程和自选课程为补充，尽量满足学生的不同需求。“稻草人系列课程”水平由低到高，内容丰富多彩，供学生各取所需。

一、基本情况

“稻草人系列课程”主要包括基础类课程、拓展类课程和特色类课程三大类。（如表 4-4 所示）

表 4-4　“稻草人系列课程”

层次 类别	基础类	拓展类		特色类	
		南校区自选	北校区自选	必选	双选
艺术类 （“稻草人系列课程”）	音乐 美术	我行我绣 纸部落 衍纸 美艺添国画 ……	我行我绣 纸部落 衍纸 美艺添国画 ……	葫芦丝、舞美 （一、二年级） 钢琴 （一、二年级）	翡翠娃艺术团

“稻草人系列课程”之拓展类课程注重课程的可实践性，采用学生喜闻乐见的形式，激发了学生的兴趣，提升了课程的育人效果。为了满足学生的多样化成长需要，遵循全面发展与个性发展有机结合的原则，根据校内外师资力量，我们开设了“我行我绣”“纸部落”“衍纸”“美艺添国画”等课程。例如，“我行我绣”可以使学生通过一针一线，绣出美好生活，从而更好地弘扬民族文化，传承手工艺，也可以引领学生去观察、去想象、去思考，在实际操作中探究方法，培养审美情趣，提高整体素

质。“稻草人系列课程”之拓展类课程是我们在充分考虑学生的喜好和师资等情况的基础上自主建构的，最大限度地发掘了学生的艺术天赋，提高了他们的艺术素养。

图 4-7　折纸社团

“稻草人系列课程”之特色类课程是基于学生的艺术兴趣，着重培养学生的艺术才能的一类课。课程开设的目的主要是让学生掌握相应的技能，将兴趣转化为特长，促进学生的全面发展。为了培养学生广泛的兴趣爱好，我们将“钢琴”“葫芦丝”“舞美”确定为特色必选课程。“葫芦丝”课程可以使学生感受到葫芦丝的古朴、柔美、典雅。舞美课程，不仅可以提升学生的优雅气质，更重要的是可以让学生在磨砺中形成积极向上、拼搏进取的良好品质。学校在建校之初就在体育馆的二层设置了25间独立的钢琴房，供学生集体上课使用。以上三种必选课程每周1课时，在一、二年级集中开设。我们相信在两年的学习中，学生会陶醉其中，感受艺术带来的美与冲击，提升审美素养。

翡翠娃艺术团是为了凸显学校的办学特色，发展学生的专长而专门成立的。我们主要在“精”上做文章，意在满足学生个性化的成长需求。我们成立的舞蹈团、合唱团、管乐团、民乐团、书画院等各分团，可以更好地对学生进行审美教育，启迪学生心智，陶冶学生情操。这几个分团内的团员有近千人，约占全校学生总数的50%。艺术团有活动章程、管理制度，有固定的团员、辅导教师、排练时间和场地，它们通过管理委员会自主管理。

翡翠娃艺术团在建校11年间成长迅速，收获颇丰。刚刚成立5年的南校区民乐团在每届大兴区器乐节比赛中都获一等奖，在北京市器乐节比赛中曾获得银奖。管乐团中的长笛合奏《乘着歌声的翅膀》和《魔笛》获得器乐进课堂项目的第一名。在大兴区艺术节上，我们有三百多名学生在摄影、书法、朗诵、歌舞等项目中获奖，占当时在校学生总数的三分之二。合唱团在参加大兴区学生合唱节时获得直属小学赛区的合唱比赛一等奖，2014年，他们还参加了北京市艺术节及新年专场音乐会。目前，翡翠娃舞蹈团已经形成了三级梯队。

图4-8　翡翠娃民乐团在国家大剧院演出

二、几点思考

11年办学，11年筑梦，艺术教育也在这11年里取得了突飞猛进的发展，舞蹈团、民乐团、管乐团、合唱团、戏剧团连续多次在市区艺术节中获得一等奖，其中以舞蹈团最为突出。我们的教师和家长也在学生追逐“金帆精神”的感染下，自发地组成了教师艺术团和家长艺术团，固定时间练习，多次登台演出，弘扬了“大气智慧、自信优雅”的教师文化和“积极参与、共享成长”的家长文化。

欣喜之余，我们也在思考构建艺术类课程的具体做法。我们通过完善组织机构，明确管理制度，加强经费保障，聚焦学生的绿色成长，确立了艺术课程建构的三个着力点。

第一，优先保证硬件设施建设。我们在学校规范化建设的基础上，优先发展艺术课程，现有艺术专业教室20个，其中舞蹈教室4个，总面积373平方米，乐器200余件，演出服装千余套。体育馆、多功能厅都有专业的灯光、音响设备，便于学生进行舞台实践。我们还把教室延伸到楼道。在“美术天地”，教师可以上写生课，学生可以随时练习书法，举办个人画展；在“音乐空间”，学生可以随时选听自己喜欢的音乐，演奏不同的乐器，还可以在小小的舞台上演绎属于自己的精彩。艺术长廊中的童话舞剧《绿野仙踪之神奇翡翠城》系列剧照，张扬着一种拼搏精神，把大家带入精彩的剧情中，校园中的花开四季、成长林、叠翠亭、空中“梦想花园”，等等，使学生时时刻刻沉浸在多彩的大自然中，受到美的浸润。在不知不觉中，在嬉笑玩闹间，他们习得美，感受美，维护美，创造美。

第二，组建一支实力强劲的教师团队。教师心灵的舒展会直接作用于学生，进而在学校形成一条绿色成长的“生物链”。音乐、美术工作坊的教师围绕着教育教学中出现的问题进行科学研究，研发了关于钢琴、葫芦丝、舞蹈的校本课程成果。我们优先保证艺术教师的国内外培训。舞蹈教师们先后参加了北京市素质教育舞蹈培训、国际青少年舞蹈大师课培训等，还有四位艺术教师先后赴韩国、美国、欧洲进行学习。我们还先后把书法、中国民族音乐、秧歌、绘京剧脸谱和编中国结等内容带到了国外的课堂中和社区中。教师在实践中获得了成长，积累了感悟，实现了双赢。

第三，为学生搭建实践交流的平台。我们以体验代评价，以实践促成长，整体提升学生的艺术素养。为了给学生搭建展示的舞台，我们每年举办一次艺术节，一次艺术节持续一周时间，每天一个专场。学生在舞台上展示的不仅是才艺，更是阳光和自信，这定将成为他们受益终身的财富。建校至今，学校共举办了十届校园艺术节，五十余场文艺演出。作为北京市书法金帆院和舞蹈金帆校，我们多次在市区内进行展示和经验分享，还辐射带动了兄弟学校舞蹈团的发展。我们的舞蹈团还多次走进社区联谊，带动了周边社区艺术文化的发展。

第四节　科技类课程：从科学探究到创新意识

科技类课程是针对科学知识进行创构的课程。自课程改革以来，我国高度重视对小学生的科学教育。科学教育对于促进民族发展具有重要意义。科学教育对于发散学生的思维，培养学生的学习兴趣有着积极影响。[①] 因而，随着科学知识与技术的不断推陈出新，学校的当务之急就是要把科学知识构建成一门门具体的课程。

科技类课程内容主要包括基本科学知识、科学思维方法、科学研究态度等。低年龄段学生的课程重在基本知识的灌输和科学兴趣的培养，高年龄段学生的课程重在科技能力的培养和科学态度的养成。基于以上认识，我们建构了科技类课程，并将其定名为“多萝西系列课程”。《绿野仙踪》中的多萝西是一个坚忍而有主见的小姑娘。我们希望学生学习了这个系列的课程之后能够提高动手、动脑能力，提升学习能力与创新意识，拓宽科技知识面，激发创造潜能。

一、基本情况

科技类课程主要包括基础类、拓展类和特色类三类课程。（如表 4-5 所示）

① 黄子义：《小学科学教育存在的问题及对策》，载《教育现代化》，2016(39)。

表 4-5　“多萝西系列课程”

层次 / 类别	基础类	拓展类		特色类	
		南校区自选	北校区自选	必选	双选
科技类（“多萝西系列课程”）	数学 科学 信息技术	气象观测 DIY 动手做 美妙的瞬间 ……	气象观测 DIY 动手做 美妙的瞬间 3D 打印 ……	实验梦工厂（三年级） 拆着玩儿（四年级） 中医药（五、六年级）	奥兹科技社

“多萝西系列课程”之拓展类课程的自主性建构是充分跟随时代发展潮流的。我们选择了一些贴近学生生活实际的课程，并将其组合，从而形成了拓展类课程。通过学习这些课程，学生既能对科学产生兴趣，又能掌握一些简单的科学技能，还能提升动手能力，养成良好的动脑习惯。为了不断提高学生们的动手能力、设计能力和思维能力，拓宽学生的科技视野，培养学生的探索兴趣和创新精神，我们开设了 3D 打印、美妙的瞬间、DIY 动手做和气象观测等自选课程。

按照“绿色成长教育”的办学理念，结合小学生强烈的好奇心和求知欲以及喜欢动手等特点，我们在 2013 年 9 月开设了实验梦工厂和拆着玩儿两门科技校本课程。课程内容主要以小型科学实验为主，学生能在玩中学，在做中学，体会到学习的乐趣与成就感。我们希望学生能通过学习科技类课程，不断地拓宽视野，扩大知识面，提高动手能力，增加生活乐趣，培养独立自主精神，并在观察、探究、实验、合作中养成良好的科学学习方法，成为一名科学爱好者。

必选课程内容的设置主要是为了进行科学启蒙，让学生在各种有趣的小实验中和拆装鼠标、小闹钟、手电筒等过程中，感受身边的科学。这些科学素养是学生未来发展不可或缺的。

为了更好地提高学生的科学素养，我们与大兴少年宫合作组建了奥兹科技社。主要开设单片机、航模、海模、机器人等课程。为了使上述课程更具特色，我们针对每门课程又开设了社团，并把社团中的优秀成员吸纳为奥兹科技社的成员。奥兹科技社作为学校的特色、品牌课程，可以使有兴趣的学生在更高层次上继续深造。

图 4-9　海模校队

2013 年，奥兹科技社被授予“中国青少年信息技术创新教育示范基地”称号，获北京市中小学生“体验科技北京，畅想世界城市”模型搭建比赛一等奖、北京市中小学生智能控制(单片机)太空运矿小学 B 组一等奖、北京市青少年未来工程师大赛过山车项目小学组一等奖、全国青少年未来工程师大赛过山车项目小学组国家级铜奖、北京市科技英语竞赛市级特等奖，在“未来城市，绿色畅想”JA 中国 2012 小学生绿色创新挑战赛中获最佳人气奖。

图 4-10　奥兹科技社成员在训练

二、几点思考

在课程实践中，我们以科学探究为核心理念，积极创新人才培养机制，让学生通过研究性学习与科技实验活动，不断拓宽视野，扩大知识面，提高动手能力，培养独立自主的意识，成为研究型人才。

总结起来，有以下几点值得我们借鉴：第一，科技类课程的硬件设施要确保到位，从而为学生创造良好的学习环境。第二，教师要根据学生的年龄特点，遵循学生的成长规律，精心设计适合学生的课程。教师要用心挖掘学生的潜能，以生活中有趣的且学生熟悉的事物为话题，在教学中注意互动和生成，以灵活且生动有趣的教学形式，引导学生主动发现、探索和尝试。第三，加强教师培训，提高师资水平。我们通过教师培训，不断提高教师的理论水平和业务能力，使教师能有效指导学生进行研究性实践活动，营造浓厚的科学氛围。

第五章

学科突破：课程的学科整合

学科是主体为了教育或发展的需要，通过自身认知结构与客体结构(包括原结构和次级结构)的互动而形成的一种具有一定知识范畴的逻辑体系。[①] 学校是学习学科知识的主要场所。根据课程设计和教学组织的不同形式，学科教学可以被分为分科教学和学科整合两种不同的模式。分科教学是根据不同知识分门别类，制定不同教学内容的教学模式。学科整合则是有意识地运用两种或两种以上学科的知识或方法论去考察和探究一个中心主题或问题的教学模式。[②]

长期以来，分科教学是我国教学组织的主导模式。分科教学模式存在三对基本矛盾，即“教”与“学”的矛盾、“学”与“用”的矛盾、“知”与“情”的矛盾。相比较来说，学科整合的教学模式能较好地处理上述三对矛盾，它依据学生的学习心理逻辑设计课程内容(“教”“学”统一)，能达到学以致用(“学”“用”统一)的目的，能提高学生的学习兴趣(“知”“情”统一)。为了适应社会发展和科技进步，我们根据不同年龄学生的认知规律，优化课程结构，调整课程门类，更新课程内容，引导学生积极主动学习。2001 年，教育部颁布的《基础教育课程改革纲要(试行)》中更是明确指出，要“改变课程结构过于强调学科本位、科目过多和缺乏整合的现状，整体设置九年一贯的课程门类和课时比例，并设置综合课程，以适应不同地区和学生发展的需求，体现课程结构的均衡性、综合性和选择性”。

课程的本质是育人。应教学和育人的需要，教师可以突破学科的藩篱，既可以进行学科的窄化和裁剪，也可以进行学科的突破和扩容。我们在学科整合方面做了不少努力，主要是对基础学科和品质培养类学科的整合。本章内容就是对我们学科整合工作经验的介绍和总结。

---

① 孙绵涛：《学科论》，载《教育研究》，2004(6)。

② 张华：《关于综合课程的若干理论问题》，载《教育理论与实践》，2001(6)。

第一节　相关课程模式：基础学科的“一体多维”式整合

课程整合可以采用不同的模式。美国马里兰大学的赫希巴奇①认为，课程整合模式可以被分为两种：相关课程模式和广域课程模式。相关课程模式是最流行的模式，该模式仍然保留了各学科自身的特点，每门学科的授课依然可以单独进行。比如，数学课里所学到的概念，可以被应用到物理和技术等课程中，但数学、物理、技术等课程依然是独立的。这种模式是学校目前采用的授课模式，为学校管理者、教师和公众所熟悉。该模式需要不同学科之间的协调与规划。广域课程模式是由一组相关但又不同的学科组成一个新的学习领域的模式。语言艺术、图像传播和科学概论就是广域课程模式的例子。在广域课程模式中，因为不同学科的知识都被整合进一个新的学科之中，因此不再具有本学科的特点。举例来说，科学概论课程可能包括生物学、物理学和化学等学科，但科学概论并不是生物课、物理课或者化学课，而是一门独立的课程。

自《基础教育课程改革纲要(试行)》颁布以来，课程改革与实验已经走过了十几个年头。课程改革实行国家、地方、学校三级课程管理。如何处理这三级课程管理之间的关系，如何校本化实施三级课程，如何在不增加学生负担的前提下提升基础教育教学质量，是每一所学校发展所面临的实际问题。② 我们的学科整合实践，是在相关课程模式和广域课程模式理论的指导下，不断寻求三级课程校本化的实践。在本节，我们将对学校相关课程模式的学科整合实践进行介绍。

---

① Herschbach D. R.，“The STEM Initiative：Constraints and Challenges，”*Journal of STEM Teacher Education*，2011(1).

② 窦桂梅：《新课改背景下课程整合的实践探索——清华大学附属小学“1＋X课程”育人体系建构的案例研究》，载《教育研究》，2014(2)。

一、“一体多维”的整合方法

我们对相关课程模式的学科整合主要表现在国家课程的校本化上。在具体策略上，我们采用“一体多维”的扩展形式。“一体”是指原课程的主体，即立足于原课程内容进行统整，使之更具有实施效率；“多维”是指从多个角度进行整合和扩充，从而使原课程更加丰富，也更加符合学生的认知规律和实际需要。

“一体”方面：我们从基础类课程入手，在“实”上做文章，夯实基础。国家课程由国家统一开发和管理，体现国家意志，这是“保底”课程，因此所有的课程实践都应该在落实国家课程标准的基础之上展开。我们依据学科课程标准，进行相关课程的整合，通过补充、拓展等方式，将课程校本化，为学生的后续成长奠定了更加坚实的基础，体现了学校的课程特色。

“多维”方面：现在的课程体系从整体入手，以某一具体学科为主，将与之相关的课程的知识点统一规划，从而达到联系相关课程知识、形成统一的逻辑化的知识网络、提高学生学习效率的目的。

二、各学科相关课程模式的整合实践

(一)语文学科的整合实践

对于语文学科的整合课程，我们以课本为基础，以各种形式的阅读为辅助，形成了依托语文课本的“一体多维”的听说读写工程。“一体”指人教版语文课本，“多维”指“书香诵读”“同步阅读”和“1＋N 一揽子读书工程”等课内外多维阅读体系，保证了学生阅读的广度和深度。

对于“一体”，我们统整语文教材内容，灵活组群，开展不低于10％学时的学科实践活动课程。以四年级上册第一单元为例(见表 5-1和表 5-2)，原来四篇课文的教学需要 8 课时，改组后只需要 5 课时。教师利用节约出的课时即可进行丰富多彩的语文学科实践活动。

表 5-1　人教版四年级上册第一单元“自然景观”内容及课时

整合前				整合后			
原教材单元目标	课文	原教材每课教学目标	课时	实验教材单元目标	课文	实验教材每课教学目标	课时
1. 学习生字词语。 2. 认真读课文，揣摩、品味语言，从字里行间感受大自然的美。 3. 引导学生边读边想象，从作者生动的描写中想象画面。 4. 丰富学生的语言积累，让学生熟读背诵精彩的语段。	《观潮》	学习生字新词；学生通过阅读感受钱塘潮之“奇”；一边读书一边想象画面，品味重点词句、重点语段；背诵课文。	3	读懂课文，边读边想象文章描绘的画面，抓住重点，体会作者是怎样把景物写生动的。	单元导读课	抓住“神奇”了解四课内容，感受大自然令人神往的奇观，激发描绘自然奇观的兴趣。	1
	《雅鲁藏布大峡谷》	正确、流利、有感情地朗读课文，边读边想象画面，感受大自然的神奇魅力，激发热爱祖国河山的思想感情。	1		《观潮》	抓住涨潮时作者对声音和形态的描写，体会写法，并背诵。	1
	《鸟的天堂》	体会作者两次去“鸟的天堂”的不同感受，让学生在读中感悟作者细腻、生动的描写方法。	3		《雅鲁藏布大峡谷》	抓住想象最神奇的部分，体会写法，用自己的话向别人介绍你所知道的雅鲁藏布大峡谷。	1
	《火烧云》	积累有关颜色的词语，体会作者是怎样生动地描写火烧云的颜色和形态变化的，并在反复朗读中积累语言。	1		《鸟的天堂》	聚焦描写大榕树和鸟的部分，了解写法，并模仿介绍湖滨公园的榕树。	1
					《火烧云》	抓住描写火烧云色彩和形态的部分，熟读成诵，并自由想象生活中的白云或晚霞。	1

表 5-2　四年级语文实践安排

实践主题	学科实践形式	课时
探索自然奥秘	1. 制订一次自然博物馆参观计划(有针对性，即自己打算重点参观的方面，针对此方面提前了解)。 2. 根据计划进行参观。 3. 召开一次成果汇报会，介绍自己的活动过程和心得。	6
山川颂，乡土情	1. 收集祖国秀丽山川、乡村生活、田园景物的图片和文字资料等，在口语交际课上与同学交流。 2. 结合自己的某次外出旅游或生活经历，写一篇习作。	6

图 5-1　学生在上阅读课

我们以《语文学科实践手册》为载体，落实“一体多维”的大语文观。在课程设置上，每天设有20分钟的书香小课，用于经典诵读，每年级都梳理出了必背篇目，经过七年的总结、积淀，形成了针对低、中、高三个年级段的校本课程成果——《书香诵读》；每周设有一节30分钟的书香大课，实施“1＋N一揽子读书工程”，“1”是指每个月必读的同读书目，被收录在校本课程成果——《书香阅读》里，“N”是指与这本书内容相近的自主选择书目，学生可以自己购买，也可以从学校图书馆借阅，书籍都被放在篮子里，这个篮子就相当于学生的一个微型图书馆。在每月的第一次书香大课上，教师进行导读，之后学生进行阅读，读完同读书目的学生，自行选择“N”里面的书目进行拓展阅读。在每月的最后一次阅读课上，学生们进行读书分享。分享形式多种多样，如手抄报、知识问答、表演、用思维导图展现书中人物及事件等。这种必选与自选相结合的读书课程深受学生喜爱。六年下来，每个学生的必读书目都在60本以上，再加上配套的“同步阅读”“书香诵读”书目，远远超出了课程标准所规定的阅读量。学生阅读兴趣越来越浓厚，“读书篮”成为学生每天的必需品。

语文学科的课程整合，使学生养成了良好的阅读习惯，提高了阅读兴趣和阅读能力。他们不仅积累了丰富的知识，更为重要的是在精神层面也得到了成长，他们的原创力与好奇心得到了很好的保护。

（二）英语学科的整合实践

在“绿色成长教育”办学理念和开放办学思路的引领下，学校高度重视英语学科的发展，以国家课程为基础，尝试开发了适合我校师生特点的英语综合素质课程方案，并加以实施。

图 5-2　与美国学生一起上英语课

英语学科的课程整合是以英语课程标准为依据进行的。小学阶段的课程标准要求，英语教学要以“激发学生的学习兴趣，培养学生感知能力，鼓励学生大胆开口说话，改善学生交往能力”为目标。据此，我们针对学生特点，在“一体”方面做出了以下努力：一是编制了各学段口语实践活动手册，鼓励学生转变学习观念，由被动学习转为主动探究。二是以听、说、读、写、演教学资源库为依托，改变教学方式，提升学生的学习兴趣。三是融入互联网学习，采用信息化教学手段。我们每周为每班安排一节英语外教课。外教结合英语国家的课程内容，设计符合我校学生特点的教学内容。我校英语教师与外教一起备课，做教研，不断完善教学内容。外教也在交流的过程中丰富了我们的教学形式。中西方教师取长补短，开创了我校特有的开放型英语课堂。在“多维”方面，我们立足英语学科，兼顾国家课程乃至校本课程的其他学科内容进行课程整合。我校英语教师尝试将英语学科与音乐、品德与社会、体育等学科进行整合，设计了诸如经典英文歌曲赏析、民族传统节日介绍、运动项目与体坛明星简介等学生感兴趣的内容。在整个过程中，英语教师与科学教师各负其责，通力协作。学生们体会到了课程整合带来的挑战和乐趣，无形中提高了思维逻辑性和创造力。教师也开拓了全学科教学的视角，不断丰富自己的各学科知识和教学经验。除了上述措施外，我们也在积极开展中外交流活动，以增强学生的英语课外实践能力。我们与美国波士顿友好校已有长达八年的友谊。师生互换文化体验、家庭互访等游学交流活动深入人心。一直延续的外教课也为学生提供了原汁原味的英语学习环境。学生游学在我校已经成为一项特色课程。中美学生游学互访以及中美教师间的互动交流活动在我校开展得有声有色。

图 5-3　英语节上的游艺活动

年级不同，英语课程的形式和内容有很大差别。低年级课程多以歌曲、歌谣等学生喜爱的内容为主，主要用于激发学生的学习兴趣，还包括规范字母书写及语音和单词认读等基础知识。中年级课程注重英语语言情境创设，丰富口语素材，尝试培养学生在英语语言环境中的思维习惯。高年级课程涉及更多的阅读资源，增加学生的阅读量，并且开发课外资源，引入英语戏剧初探的内容，加入英文原版电影鉴赏、配音等环节。教师围绕着学校办学理念进行课程设置，在课程实施过程中不断充实资源库，完善教学内容，调整教学环节，力争打造最适合我校学生的英语课程体系。

经过长期的实践，在课程整合过程中，我们将与英语课程相关的学科、资源都纳入课程之中，这不仅提高了英语课堂的效率，也激发了学生学习英语的兴趣和教师的教学热情，还提高了教师的团队协作能力。

(三)音乐学科的整合实践

以前的音乐课就是单纯地学习钢琴、葫芦丝等乐器，现在的音乐课则是以提升学生的艺术素养为总目标。在“一体”方面，我们以音乐教材为主体；在“多维”方面，我们以必选课程钢琴、葫芦丝为补充，并结合合唱、舞蹈、管乐、民乐等相关知识，抓住音乐学科的特点，开展综合性的音乐实践活动，实现从学科教学到学科育人的转变。在音乐教学中，教师注重学生音乐素养的培养，注重音乐学科教育的整体性、综合性，把音乐知识和技能训练充分融入活动中去，调动学生的多种感官，使学生充分感受音乐的节奏、旋律、力度等基本要素。

图 5-4　民乐团演出

图 5-5　管乐团演出

我们认为，音乐素养更容易在音乐实践活动中得到提升，因此，我们积极引导学生参与演唱、演奏、聆听、综合性艺术表演和即兴编创等各项活动，并将其作为学生走进音乐世界，欣赏音乐美的基本途径。音乐课程的整合大大提高了教与学的效率，较以往“各自为政”的分科模式，节省了大量课时。学校把节省出来的课时用来培养学生的艺术表演能力，通过开展不同主题的音乐剧排演活动，让所有学生参与到活动中来，通过群体性的艺术表演，激发学生学习音乐的兴趣，增强学生表演的自信。

通过课程整合，我校学生的音乐素养得到了极大提升，音乐教师的音乐技能、学科教学能力和团队合作能力都有了很大的提升。

三、经验总结

在学科整合过程中，我们以国家课程为主体，开发与本学科联系紧密的知识与学习内容，找到相近知识的联系点、重合处，再进行重组、融合，使之成为一个整体，使国家课程能得到有效的落实，使地方课程和校本课程也能得到不同程度的体现与落实。学校的学科课程呈鸟巢状发展，以多维联动、有逻辑的课程体系为标志，回应了学生的学习需求，丰富了学生的学习经历。更重要的是，这些课程是各学科教师根据我校学生的实际与要求编写的，更加符合学生的需要，能够让学生动手操作、动口表达。我校和当地的社区、公园、工厂建立联系，让学生走出去学习，到附近的工厂参观，到小区中动手实践，有效提高了学生的实践能力。

第二节　广域课程模式：品质培养类课程的主题式整合

课程整合模式有两种，即相关课程模式和广域课程模式。在第一节中，我们介绍了以相关课程模式进行的学科整合实践。在本节中，我们将介绍以广域课程模式进行的学科整合实践。

德育历来是我国学校教育的重要内容，特别是在党的十八大确立"立德树人"教育根本任务之后，德育的重要性更加凸显。我们始终重视德育工作，在进行课程整合，提高德育水平方面进行了积极的探索。我们融合语文、数学、体育等不同学科的内容，以德育为主线，以广域课程模式为指导，构建了"绿野仙踪"主题实践课程。

一、“绿野仙踪”主题实践课程的缘起与整合思路

“绿野仙踪”主题实践课程是基础课程中的重要组成部分，是为了落实《北京市实施教育部〈义务教育课程设置实验方案〉的课程计划(修订)》中的要求(开展不低于10%学时的学科实践活动)而专门开设的，这一课程是原来“多维课程”中“德育课程”的前身，也是学校的特色课程、品牌课程。我们纵观各年级各学科的教学内容，超越原有的知识体系，以关注共同要素的方式设置课程。每学期或每学年各年级选取不同的专题进行主题式研究学习。年级任课教师共同参与，旨在让学生对学科知识“既见树木又见森林”，不仅在他们的头脑中呈现每个学科独立的知识体系，而且调动他们的多种感官的参与，从多学科的不同角度对同一知识点进行诠释。

“绿野仙踪”主题实践课程依据学生的年龄特点，结合国家课程标准，以课程整合为基础，以年级为主体，以自身体验、实践为主要参与形式，从二年级到五年级分别围绕“勇气”“博爱”“悦己”“梦想”四个主题开展实践活动。我们专门为一年级和六年级设置了入学季课程和毕业季课程，从而将培养目标贯穿始终。关于课程的具体目标，我们已在第五章第一节中做了相关介绍，在此不再赘述。

二、各个课程的实施状况

各年级不同学科的教师共同参与本年级的主题课程设计，通过主题活动的形式，将不同学科知识嵌入其中，从而形成自成体系的课程。每一门课程被分为不同环节，每个环节由一个或多个学科教师带领进行。教师在每一个主题课程设计中都设置了最后的展示环节，一方面以这种形式让学生对所学的知识进行总结，起到巩固提高的作用；另一方面也以此增加整个课程设计的趣味性，提高学生参与主题课程的兴趣和积极性。

(一)一年级主题课程："我们的入学季"

一年级是入学季课程，在刚开始的一个月内进行"常规培养月"的活动，包括认识新学校、新教师、新同学，学习如何做课前准备，如何与同学交往，如何与人打招呼，熟悉《翡翠娃公约》《小学生守则》和《小学生行为规范》等内容。在一年的时间内，教师帮助学生熟悉各种规范，并养成良好的行为习惯。9月，教会学生排队与就餐。10月，重点练习课前准备。教师几乎在每节课课前都会强调课前准备，学生也很配合，养成了比较好的课前准备习惯。11月是课间游戏和音量达标。坐不住、贪玩是这个年龄段学生的特点，是学生的天性使然，因此学校为学生提供了多种游戏方式，如翻绳、魔方、跳棋、拍手游戏、一米二米三等。教师对学生加以引导，避免学生在课间活动时在楼道里奔跑打闹。12月是学会有序摆放物品。教师通过教方法、树典型等方式，引导学生有序摆放水杯、图书等日常用品以及书桌里的物品。

图 5-6　欢迎一年级新生入学

第二学期除了对常规教育常抓不懈外，主要是在游戏中培养学生的规则意识。规则意识对常规教育的价值是潜移默化的，因此我们利用活动课，组织学生做游戏，通过击鼓传花、木头人、青蛙跳井、捞鱼、萝卜蹲、一米二米三等游戏，培养学生的规则意识，提高学生与同伴相处的能力。活动课中的游戏都是各学科教师共同精心设计的，融合了多学科的知识。

以“争做环保小卫士”游戏为例，各学科教师共同研讨，找到相关学科的一个切入点，对活动进行设计：由语文书上的环保主题入手——小动物都能保护松林，爱护大自然，我们人类更应该如此；品德与生活课有小动物喜欢吃的食物一课；美术课有让小朋友画自己喜欢的小动物的环节；数学课则有初步认识统计与简单分析的课程。活动开始时，首先由一首欢快的儿童歌曲《小松鼠》引入，语文教师带领学生学习一年级语文下册第10课《松树和松果》的第二、第三自然段。教师以饱满的热情引领学生通过朗读、想象、联系上下文和生活实际等方法理解课文，感悟文中包含的思想感情，层层深入地让学生认识到保护森林、保护环境的重要性。然后，品德与生活教师接棒，从小松鼠喜欢吃什么入手，通过食物观察、分组探究、教师演示、动手实践等环节引导学生认识松果的特点，并教会学生熟练地画出栩栩如生的小松果，为接下来的活动做好准备。接着，体育教师充分利用美术课上学生所画的成果——松果，设计出一个“送松果回家”的小游戏，让学生兴趣盎然地投入活动中，从中既体验到团结合作的重要性，又认识到一枚枚松果的来之不易，从而产生珍惜劳动成果、保护环境的良好意识。最后，数学教师把“送松果回家”这一游戏的成果——每组一篮子“松果”作为数学信息加以利用，让学生通过统计数目、分析信息、提出问题等环节认识到数学学习与生活的密切联系。

(二)二年级主题课程：“让我们一起来放飞风筝”

二年级是“勇气”课程，重在培养学生勇于探索、勇于实践、勇于担当、勇于拼搏、不畏困难、勇往直前的精神。我们设置了“勇于面对自我”“打败你的只能是自己”“学习上肯登攀才是真勇士”“锻炼身体靠的是意志”等活动，让学生能看到自己的优点，正视自己的不足，学会扬长避短，懂得“失败是成功之母”的道理，明白不管是学习还是体育锻炼，靠的都是坚强的意志和永不服输的精神。

开学初，年级组的所有教师一起研讨，找到培养学生勇气的切入点，最后选取的是“让我们一起来放飞风筝”主题实践课程。这个课程既培养了学生的动手能力，也提高了学生的合作意识，培养了学生永不放弃的精神。在语文课上，学生学习了《村居》一诗，了解了诗人高鼎描写的儿童放学后在田野里放风筝的情景。他们在课下收集了关于风筝的历史、由来，以及现在的发展情况等信息，对风筝有了全面的认识，然后在课上和同学进行交流。在品德与生活课上，师生一起做风筝，学生在教师的指导下构思，做骨架，粘纸，贴尾巴，拴线。在美术课上，学生给自己做的风筝涂颜色，先了解色彩搭配的知识以及对称的原理，然后给风筝涂颜色，使一架架风筝“活”起来。在体育课上，体育教师把学生带到学校旁边的翡翠公园，让学生两两合作放飞风筝。

（三）三年级主题课程：“我爱你北京”

三年级是“博爱”课程，选取的是“我爱你北京”主题课程。学生们非常喜欢，他们一起唱北京、画北京、颂北京，一起做红领巾游戏，体会合作的快乐。在音乐课上，学生们欣赏、学唱一些经典歌曲，如《我爱北京天安门》《北京的金山上》《北京的桥》《前门情思大碗茶》等。为了更深入地了解北京，我们利用假期，带领学生去北京的名胜古迹和大街小巷实地参观。为了让学生感受北京春天的绚丽多彩，让学生结合美术课上学到的绘画技法画春天的北京，从而让学生对北京产生热爱之情。我们还组织学生动笔来歌颂首都北京，让他们写一写儿歌、小诗，并在班里进行“颂北京”的诗歌比赛与展览。最后结合一园一馆一实践活动——“游览大观园”实践活动，让学生在大观园里寻找老北京的历史，树立长大以后建设更美好的北京的理想。

在展示活动中，学生用集印章的方式展示自己的成果。他们用优美的歌声唱响自己对北京的热爱，用画笔展示自己对北京的熟悉，用小小的童谣传颂着北京的故事，用诗歌表达自己对不同职业的畅想。每完成一个项目，他们就可以获取一枚印章。最后，每个学生都可以用自己获得的印章换取有关北京的小礼品，这既可以表示对学生参与课程的鼓励，又可以告诉他们有付出才有回报的道理。

(四)四年级主题课程：“中国瓷文化探索之旅”

四年级的“中国瓷文化探索之旅”主题实践课程历时一个学期。9 月，我们利用两周的时间让学生自行收集有关瓷器历史、种类以及瓷盘画等的资料，并在班内进行解说。在美术课上，学生在教师的引导下鉴赏陶瓷艺术，感受历代陶艺在造型、釉彩上的变化，并动手绘制瓷盘作品。教师把学生的作品放在楼道内进行展示。10 月，品德与社会教师组织学生走出学校，对瓷盘的价格等进行市场调研，同时参观北京运河瓷画艺术馆。11 月，学生绘制的瓷盘成功出炉，他们谈自己的感受与心得，各班评选出十名“能工巧匠”，教师对课程学习表现良好的学生给予奖励。

图 5-7　四年级“中国瓷文化探索之旅”主题实践课程

(五)五年级主题课程：“传统文化展示活动”

五年级的“传统文化展示活动”，内容涉及中国古代饮食(粽子、月饼、糖葫芦、饺子、炸酱面等)，篆刻，灯笼，泥人，窗花，中国结，四大发明(造纸术、指南针、火药及印刷术)等内容，教师通过对这些内容的介绍，把学生带进传统艺人们的精致世界中。我们紧紧围绕着传统文化这一主题开展活动。例如，我们搭建“梦想星天地”的舞台，让学生尽情展现自己的魅力。每周五各班利用班会时间让学生进行自我展示，如拉二胡，弹琵琶、中阮，拉大提琴，吹唢呐，说相声，表演课本剧，等等。这些活动锻炼了学生的胆量，增强了学生的自信。每年 6 月前后，我们还会举行一次热烈而有意义的盛会——五年级主题课程展示活动，我们带领学生走进历史的世界，感知传统文化，让他们在圣贤的光芒下学习、成长。

这些活动使学生深刻地认识到，今天的学习、活动只是中国传统文化的一小部分，激发了他们继续了解、探索、学习传统文化的激情与愿望。学生在活动中体验到传统文化的博大精深，也亲手制作了传统工艺，收获颇丰。他们增长了见识，不仅被中国古代劳动人民的智慧所折服，而且也产生了强烈的民族自豪感，他们懂得了要想实现自己的梦想，必须付出艰苦的努力。

(六)六年级主题课程："我们的毕业季"

毕业季课程是小学阶段所有课程的终点，起梳理、总结、提高的作用。我们开展了"确定人生起跑线""和中学生面对面""回忆六年的小心愿""写给三年后的我"和"毕业典礼"等课程和活动，使学生既能回忆过去的小学六年生活，又能展望未来，憧憬初中的学习生活。

图 5-8　毕业典礼

毕业季课程持续一年的时间，我们在每个月安排不同的课程内容。"确定人生起跑线"的学科整合课将数学圆的概念、周长等知识和体育学科的 400 米长跑确定起点等内容相结合，启发学生对人生和即将迎来的中学生活的规划和思考。在"和中学生面对面"活动中，我们邀请一些初中学生来学校，他们用一个个小主题，为六年级学生讲解升入初中后应该做好的心理、学习、生活等各方面的准备。在“回忆六年的小心愿”活动中，我们把学生们在校六年中许下的小心愿进行收集整理，作为毕业礼物送给他们。学生们在回顾自己的六年时光时发现，当初许下的一个个小心愿潜移默化地引领着他们前进。“写给三年后的我”是毕业前的活动。学生们将信件装到坛子里，埋到他们所在班级的银杏树下，相约三年后再次回到学校，拿出来看看他们的心愿是否已经实现。我们不仅关注学生在校的六年时光，更关注学生的未来，努力为学生的可持续发展创造机会。在培养学生能力、启迪学生梦想的过程中，我们不断调研、反思、调整，以期我们的教育更加有利于学生的成长。

图 5-9　将心愿卡埋在银杏树下

三、学科间课程整合的效果

学科间的课程整合改变了以往单调的教学模式，极大地激发了学生的学习兴趣，提高了学习效率。多学科知识的整合，也使得原来的单一知识点跨越学科，成为在生活中可以利用的能力，实现了教学从知识取向到能力取向的转变。实施课程整合以后，教师们普遍感到，自己的教学思想亟待改变，知识结构亟须调整、完善。教师专业成长的自觉性有了很大提高，他们表现出了从未有过的精神风貌。教师组成青年共同体和专题课程研发小组，深入探讨课程目标设定、课程计划安排、课程实施、课程资源整合、课程评价等问题，逐渐摆脱了左手教材、右手教参、学科本位、各自为战的工作方式，组成跨班级、跨学科、跨年级的团队开展工作，实现了由“教书匠”到“课程设计者”的转变，形成了良好的研究、学习风气。课程整合和课堂改造同时推动了学校管理机制、考试评价机制、教学研究机制、后勤服务、校园文化建设等多方面的配套改革。学校期望，通过课程整合，学生们能够在每一天的学习中体会到成长的乐趣，教师能够在每一天的工作中都能体会到育人的快乐与为人师的尊严。

第三节　整合的逻辑：理性、校本化、综合化

素质教育要求为学生搭建自主发展的空间，给予学生自由选择的权利，唤醒学生自我发展的动力，这就要求学校不仅要为学生提供良好的学习环境、各种齐全的硬件设施设备，更重要的是为学生营造一个安全、友好的学习氛围，建立民主和谐的师生关系。这一切都建立在尊重学生的认知规律和发展规律，促进学生快乐学习的基础上。因此，学校提出了进行学科整合教育的目标。我们要让学生在学科整合的课程体系下认识生命的丰富性和多样性，了解个体发展的独特性。我们要遵循学生的身心发展规律，根据学生的兴趣和需求，为学生搭建自主发展的空间，给予学生自由选择的权利，唤醒学生自我发展的动力，从而促进学生全面而有个性的发展。

我们目前的学科整合大致遵循以下三个逻辑。

一、理性的逻辑

所谓理性的逻辑，是指学科整合的方向更加符合教育和育人的需

要。将知识按学科进行划分，对于科学研究、深入探究自然现象的奥秘和将知识划分为易于教授的模块有所助益，但并不反映我们生活世界的真实性和趣味性。而真实性和趣味性恰恰是激发学生学习兴趣，提高学生创造力的关键。从这个角度来讲，学科之间的过度割裂其实是“非理性”的。我们进行学科整合，就是为了满足学生的需要，这一理念是我们在课程改革的大潮下，经过理性的思考后提出来的。我们确立了适合学生发展的课程，并给予教师充分的自主空间去创设课程。教师们把各个学科整合在一起，编制了一套适合学生可持续发展的“绿色课程”。

二、校本化的逻辑

所谓校本化的逻辑，是指学科整合的方向更加凸显我们的办学特色。众所周知，课程结构决定了人的素质结构，有什么样的课程就会培养出什么样的学生。我们遵循“整体构建，因材施教”的原则，做出了具有校本特色的整体课程规划，在课程结构、课程内容及课程形态上，打破了学校课程建设的时空局限。从逻辑上讲，强调校本化是增强国家课程与地方文化互动，促进国家课程和地方课程有机融合的重要途径。我校对于国家课程的校本化开发，注重体验性与实践性，淡化学科的边界，扎根本土，联结地方知识，以满足学生兴趣与个性化发展需求。国家课程被校本化之后变得更接地气，为学生生活经验的积累与运用提供了可能，有助于促进学生有意义学习的发生。

三、综合化的逻辑

所谓综合化的逻辑，是指学科整合更加注重实践性、综合性。根据许建领的总结，课程综合化的内涵有五个相互联系的方面：第一，它是在高层次上对学科分化和课程分科的超越，是对学科与学科、课程内容与社会需求、课程与学习者三方面相分离的纠偏。第二，它是学科分化与综合化的辩证统一。第三，它不仅是课程结构的综合，也是课程内容的综合；不仅是学生知识结构的综合，也是其思维结构、价值观念结构的综合。第四，它是目标与过程的统一。第五，课程综合化改革是一项系统工程，社会要求与学习者需要的复杂性决定了课程改革的复杂性与艰巨性。[①] 可见，课程的综合性既强调各学科之间的联系，避免学科的过度分化，也强调课程内容、课程结构的整合。学科整合的目的是使学习者形成完整的知识架构，从而拥有良好的思维结构和价值观念。

显然，学科整合是对原有课程内容架构的补充、完善和提升，是从一个学校办学定位和育人目标出发所做的工作。我们的“绿色成长”课程体系不仅具有科学性、系列性，更具有开放性、多元性。在横向上，我们将课程分为健康、人文、艺术、科技四大门类，分别以《绿野仙踪》中的四个主人公的名字命名，希望学生通过课程的学习，能够拥有勇气、爱心、智慧、梦想；在纵向上，我们将课程分为基础类、拓展类和特色类，自下而上，由普及到特殊，整体水平由低向高，满足学生的不同发展需求。“绿色成长”课程体系契合学校的发展目标，使得我们对于课程的研究更加深入。我们把三级课程融为一个有机的整体，课程纵横交错，形成了网状的课程体系，充分体现了我们对学生的个性化、多样化成长的关注，使我们的培养目标能够落在实处。

---

① 许建领：《高校课程综合化的渊源及其实质》，载《深圳大学学报(人文社会科学版)》，1999 (1)。

第六章

课程生长：课程体系的扩容

课程体系不只是几门课程的随机组合，而且是从教育哲学到教育实践的一体化。课程体系是在一定的教育价值理念的指导下，将课程各构成要素进行排列组合，以使其在动态过程中达成课程体系目标的系统。[①] 美国著名教育学家和课程理论专家泰勒认为，在规划任何课程时，都必须回答以下四个问题：第一，学校应该追求哪些教育目标？第二，我们要提供哪些教育经验才能达成这些目标？第三，怎样才能有效地组织这些教育经验？第四，我们如何确定这些目标已经达成？[②] 从本质上来讲，课程体系的设计，重点回答的是“培养什么样的人”和“怎样培养人”的问题，而与之有关的学校教学活动，都可以被纳入学校的课程体系之中，成为学校课程体系的有机组成部分。

1996 年，教育部(时称“国家教委”)发布的《全国教育事业“九五”计划和 2010 年发展规划》中就提出，要在“面向现代化、面向世界、面向未来”发展方针的指导下，深入改革教育体系、课程体系、教学内容和教学方法。2001 年教育部印发的《基础教育课程改革纲要(试行)》中进一步要求，要调整和改革基础教育的课程体系、结构、内容，构建符合素质教育要求的新的基础教育课程体系。在提高教育教学质量，促进学生素质提升方面，加强对学生品德的培育和家校合作的质量具有非常重要的意义，而不管是学科知识的学习，还是德育活动、家校共育活动的开展，大部分都是在学校进行的，都离不开良好学校环境的创建和应用。

在长期的办学过程中，我校不断落实课程改革要求的各项措施，在加强传统学科课程的基础上，以德育活动、家长活动和环境教育为抓手，不断促进德育活动、家长活动和环境应用的课程化，扩大课程体

---

① 崔颖：《高校课程体系的构建研究》，载《高教探索》，2009(3)。

② [美]拉尔夫·泰勒：《课程与教学的基本原理》，罗康、张阅译，58 页，北京，中国轻工业出版社，2014。

系，推动课程的“生长”和发展。从我校课程体系扩容的实践来看，所谓课程化，是指以明确的目标为指导，将与该目标相关的零散活动组织化、体系化的过程。本章的主要内容，就是对我校德育活动、家长活动和环境应用课程化建设经验的梳理和总结。

第一节 德育活动课程化：六大课程的课程建构

《国家中长期教育改革和发展规划纲要(2010—2020 年)》中指出，要“构建大中小学有效衔接的德育体系，创新德育形式，丰富德育内容，不断提高德育工作的吸引力和感染力，增强德育工作的针对性和实效性”。我校历来重视德育工作，在加强学生德育方面，学校采取了多种措施。德育活动是提高学生德育水平的有效方式，但通常来讲，德育活动都是分散性的，所以会存在一些问题。例如，由于目标不明确，不同活动之间的作用存在重叠，导致德育活动效率低下。又如，德育活动缺乏针对性，与不同年龄段学生的发展特点不相契合。为了改变德育活动零散、笼统、低效的状况，我校将各类德育活动进行了科学的组织，从而增强了学校德育工作的针对性和实效性。我校在推动德育活动课程化方面进行了不断的尝试。

学校德育活动课程化的工作，是在“绿色成长教育”办学理念的指导下进行的。2013 年，学校对原有办学理念进行了梳理和完善，制定了包括“绿色成长教育”的办学理念，“悦己爱人 智勇双修”的校训和“培养快乐生活、勇于探索的梦想少年”的育人目标等内容在内的学校教育理论体系。在德育活动课程化的过程中，德育处教师和年级组长高效协作，从办学理念、校训及育人目标入手统筹学校德育活动，将学校要重点培养的品质融入学校的德育活动中，编制出了“勇气”“博爱”“悦己”“梦想”四大主题课程。这四大主题课程与入学季和毕业季德育课程一起构成了学校德育课程体系。

一、德育课程体系的目标

课程建立的基础是清晰的目标。德育课程目标与教学目标有所不同，它不在于简单传授某一方面的知识，而在于引导学生树立正确的价值观和坚定的道德信念，养成良好的行为习惯。德育课程目标需要得到科学合理的构建，才能得以实现。我们结合校训以及学校的育人目标确立课程目标，各年级组根据课程目标、学生的年龄段、学情、经验等制定具体的实施纲要。各学段间的课程有效衔接，有序推进，形成了目标清晰的德育课程体系。

(一)“入学季”和“毕业季”课程目标

德育课程的构建应该贯穿小学六年时光，我们要根据学生的年龄特点侧重培养学生不同的品质。一年级学生刚刚入学，所以教育重点应落在对学生的常规培养上，六年级学生马上要结束小学生涯，因此教育重点应落在育人成果的实现和对未来的规划上。因此，学校有针对性地设置了入学季德育课程和毕业季德育课程，以促进学生德育水平的提高。

图 6-1　入学季课程：“重回幼儿园”

(二)四大主题课程目标

对于“勇气”“博爱”“悦己”“梦想”四个教育目标，学校一方面将其融入日常教育教学的全过程，另一方面根据学生的年龄特点以及生理和心理特点等，确定了每个年级的重点教育方向。

二年级学生，经过一年级入学季的训练之后，已经能够很好地适应小学生活，他们需要有更多的勇气去面对困难和挑战，而不能总是以推卸责任、哭闹不停等方式解决问题，因此我们将二年级的教育重点定为培养学生的“勇气”。

升入三年级之后，学生们战胜了自己，获得了勇气，然后就要懂得更好地与外界相处，做一个拥有博爱之心的人，因此我们将三年级的教育重点定为培养学生的博爱之心。

四年级学生的自我意识增强，他们逐步进入青春期，需要更加理性地认识自我，因此我们将四年级的教育重点定为引导学生学会“悦己”。

五年级学生学习紧张起来，开始为下一步升入初中做准备，需要认真思考自己对未来的规划，制订追逐自己梦想的计划。因此，我们将“梦想”作为五年级课程的主要目标。

六年级学生马上面临毕业，既需要与小学生活告别，又需要为初中生活做好准备。因此，我们为学生预备了毕业季课程，帮助他们做好“承上启下”的准备，顺利实现学段的转换。

图 6-2 毕业季课程

最终，德育课程体系由六部分组成，包括入学季课程、勇气课程、博爱课程、悦己课程、梦想课程、毕业季课程，其中每一部分都有相应的课程内容予以支撑，以全面落实育人目标，推进学生综合素养的提高。

表 6-1　各年级德育活动课程主题及培养目标

年级	德育课程主题	培养目标
一年级	入学季	教师做好幼小衔接工作，培养学生良好的常规习惯，使学生懂得如何做一名合格的小学生。
二年级	勇气	培养学生勇于探索、勇于实践、勇于担当、勇于拼搏、不畏困难、勇往直前的精神。
三年级	博爱	该目标指向与外界的相处，使学生的心中有爱，心存感恩，以感恩之心，见之于博爱之行。这里的爱是广泛的，包括爱祖国、爱学校、爱他人、爱环境，等等。
四年级	悦己	该目标指向自我的成长，使学生能够认识自己，悦纳自己，相信自己，完善自己，努力做更好的自己。
五年级	梦想	学生既有远大理想，又有近期目标，能够合理地规划时间、规划人生，并朝着既定的目标努力，做怀揣梦想的“翡翠”少年。
六年级	毕业季	回顾并梳理六年的小学生活，同时做好充分的准备，从容面对即将到来的中学生活，启航梦想。

二、德育活动课程设计和内容

为了保证学校德育工作的效果，除了制定清晰的德育课程目标外，学校也采取了多项措施，保证各学段德育课程能够有序实施、各学段德育课程目标能够顺利实现。

(一)科学灵活的德育活动课程设计

学校的德育活动课程在设计上采用“活动中心，内容不定”的形式。所谓“活动中心”，是指德育活动课程的开展，既不过分强调教师的主导权，也不过分强调学生的自主权，而是围绕各学段的德育课程目标，设计有针对性的活动，以活动为中心，教师、学生共同参与，共同学习，确保各阶段德育课程目标顺利实现。所谓“内容不定”，是指德育活动课程的内容并不是固定的，而是教师根据不同学期、不同届别学生的特点，结合学校所拥有的资源，设计多种多样的德育活动，以构成德育活动课程的内容。

在具体实施上，德育活动课程以年级组为单位，以集中活动的形式进行。每学期初，学校都会将教师划分为六大课程组，组内融合了年级领导、班主任、科任教师、后勤人员，大家根据主题，共同研讨本年级的主题课程方案，并在课程中期进行汇报，在课程结束时进行总结。大家每学期或将活动分散到各月开展，或集中在一周时间内完成。各个年级根据主题开展活动，从而将培养目标贯穿始终。

(二)丰富可选的德育活动课程内容

我校德育课程的实施以课程整合为基础，以体验活动为补充，以社会实践为拓展，从而保证德育活动课程目标的落实。在课程实施上，我们既挖掘各学科实践活动中所蕴含的德育因素，发挥其特有的德育功能，又结合符合学生身心发展规律、凸显育人目标的丰富多彩的德育活动，实现全员育人。德育本身就是潜移默化的教育过程，活动化课程与学科课程只有形成互补关系，才能使德育效果最大化。

在课程整合方面，我们梳理了各个学科中的相关知识和内容，并按年级进行了跨学科的汇总，以便为德育课程内容的具体实施提供素材，方便教师在活动中进行整合利用。同时我们还对学校的活动和外出实践基地进行汇总和分类，建立了活动资源库，从而使每个主题下都有一系列相关的学科内容、活动资源、实践基地等作为支撑。各年级的教师会根据年级主题和培养目标，一起商议制订本年级的课程实施方案。方案中既包含个别学科的教学，又包含学科间的整合；既有课堂内的学科渗透，又有课堂外的活动补充。

表6-2中的内容是二年级“勇气”德育课程的可选内容。我们可以看出，学科相关知识、相关活动和外出实践资源单位三方面都已经有具体可选的内容，这些内容共同构成了二年级“勇气”德育课程设计的基础素材库。

表 6-2　二年级的“勇气”课程内容一览表

学科相关知识	相关活动	外出实践资源单位
语文：二年级上册第二单元《我选我》。通过查字典，了解勇气的意义，制定组内要达成的勇气目标。 美术：二年级下册第 5 课《到天空去旅行》。 品德与生活：二年级上册，知道关于“勇气”的名人故事，如《负荆请罪》《宰相肚里能撑船》《六尺巷的故事》等。 二年级下册第 4 课《面对挑战》。 数学：学习规则意识。 体育：学会克服体育活动中的困难。	小干部竞选 国防教育(军训) 游学 生命体验 红领巾游戏 9 月　动物运动会 10 月　三人四足 11 月　揪尾巴 3 月　《绿野仙踪》之小狮子情景剧 4 月　长绳跳起来 5 月　亲子运动会 6 月　大手小手足球赛	学校层面： 1. 中国人民抗日战争纪念馆 2. 航天科普教育基地 3. 北京植物园、野生动物园(定向猎狐) 4. 中国自然博物馆 家庭层面： 1. 清源公园、埝坛公园徒步走 2. 丛林总动员拓展活动 3. 奥肯尼克农场 ……

三、德育活动课程评价

为了评价德育课程开展的效果，也为了调动全体学生参加德育活动课程的积极性，在德育活动课程体系中，学校也设计了“海棠奖章”“银杏奖章”和“翡翠励章”等荣誉，对在课程中表现优秀或取得较大进步的学生进行奖励。

(一)海棠奖章和银杏奖章

海棠奖章(粉色)和银杏奖章(黄色)是在对学生常规评价中表现优秀或进步较大的学生的奖励。两种奖章的获得方式如下：

第一，语文、数学、英语、体育等各科教师结合课堂常规、课间常规、文明行为规范等在每节课上对学生进行及时评价，并提供优秀小组及 20%表现优秀或进步较大的学生名单，班主任结合科任教师的反馈，每周评选出优秀小组并奖励海棠奖章，评选出优秀个人并奖励银杏奖章。

第二，社团每学期评价两次，评出综合表现优秀的学生并奖励海棠奖章。校队每月评价一次，评出综合表现优秀的学生并奖励银杏奖章。

第三，教师对参加德育活动的学生根据具体活动方案酌情奖励。

(二)翡翠勋章

翡翠勋章(绿色)是比海棠奖章和银杏奖章更高一层次的奖励。学生可通过以下方式获得。

第一，学校每月汇总学生所得海棠奖章和银杏奖章的数量，对于每班获得数量最多的前15%的学生颁发翡翠勋章。

第二，社团、校队，根据对学生的日常评价，在学期末评选出10%的优秀团员，并为其颁发翡翠勋章。

第三，对于参与德育课程活动的学生，教师根据活动情况进行评价，并为参与活动人数的5%～20%(可根据活动情况具体设置获奖比例)颁发翡翠勋章。在学生的评价手册上，我们专门设置了一个板块，让学生记录自己本学期参与的德育活动及对自己的评价。

图6-3　翡翠勋章奖励校长小助手

学校每学期统计翡翠勋章的数量，并给予相应的奖励。我们的奖励方式由物资向获得活动或者机会转移。学生可从以下奖励措施(如表6-3所示)中任选其一，当然教师也可根据学生的喜好进行调整。

表6-3　翡翠奖章兑换规则

翡翠勋章兑换	
奖章数量	可兑换的活动(或机会)
四个及以上翡翠勋章	1. 体验寄宿课程 2. 做一周校长助手 3. 参与一次社会实践 4. 与喜欢的教师一起共进晚餐
三个翡翠勋章	1. 到户外进行一次野炊 2. 参与一次公益活动 3. 和教师一起看电影或演出 4. 学做美食 5. 南、北校区换校体验
两个翡翠勋章	1. 做班长助理 2. 在学校集体吃饭 3. 进行一场足球比赛 4. 带着玩具去翡翠公园或空中花园玩 5. 体验当一天教师 6. 看一次电影 7. 南、北校区写信交朋友
一个翡翠勋章	1. 优先参加下学期志愿服务岗检查 2. 获得一次同年级走班上课的机会 3. 获得一次参加升旗仪式护旗的机会 4. 获得一次参加红领巾广播的机会 5. 获得一次参加其他社团活动的机会 6. 玩一次自己设计的游戏

通过前文的论述我们可以看到，我校的德育活动不是零散的、临时的，而是以学校办学理念、校训和育人目标为核心，通过科学的规划形成的体系化课程，是有计划、有体系、有层次、有序列地推进展开的。

它们既能为学生的全面成长服务，也是对学校“绿色成长教育”理念的诠释。当然，学校德育活动课程的构建与实施是一项复杂的工程，需要在教育工作者的不断探索、实践、反思中得到完善。

第二节　家长活动课程化：促进家校合作的课程建构

美国教育发展实验室的一项实验报告显示，当学校、家庭和社区共同参与课堂教学时，学生在学校的表现会更加积极，他们愿意待在学校的时间会更长，而且心情也会更好。只要家长积极参与教学，学生就有可能取得更好的成绩，并在学校得到更健全的发展。[①] 由此可见，良好的家校关系对于学生的发展具有重要影响。2012 年 2 月，《教育部关于建立中小学幼儿园家长委员会的指导意见》中就指出，要建立家长委员会，以发挥家长的作用，促进家校合作，优化育人环境。党的十八大确立了立德树人的教育根本任务，家校合作也成为落实立德树人教育根本任务的重要措施。2014 年 4 月，《教育部关于全面深化课程改革落实立德树人根本任务的意见》中指出，要促进家校合作，广泛利用社会资源，科学设计和安排课内外、校内外活动，营造协调一致的良好育人环境。

我们在建校之初就确定了开放、合作的办学策略，学校敞开大门，整合资源，让家长走进学校，参与管理，通过家、校、社区三方协作，共同经营学校，共同营造适合学生成长的环境。学校依托家长教师协会，让家长作为学校和班级工作的管理者、志愿者、教育者、决策者参与到学生的培养过程中来。在具体做法上，我校突破常规，探索了家校合作新方式。一般来说，家校合作方式比较单一，通常以家长会、运动

① 吴遵民：《当代国际课堂教学改革的发展动向及启示》，载《外国中小学教育》，2006(8)。

会等零散活动为主，家长与学校的联系仅限于参与。这样虽能增进家长对学校的理解，但却略显被动，并没有充分体现出学校在推进家校合作方面的主动性。我校在开展家校合作的过程中，积极推动相关活动的课程化，将家校合作相关活动组织化、体系化，在常规的家校合作活动之外，开展针对家长的教育活动和家长资源入校活动，构建了包括家长必选课、家长自选课和家长资源入校特色课程在内的家长活动课程体系。本节就是对翡翠城分校家长活动课程体系的介绍。

一、目标导向的家长活动课程体系建构

建构课程体系，首先要有明确的课程目标，并以此为导向开展课程体系的设计。我们在家长活动课程体系的构建过程中，始终牢牢把握以课程增进了解、以课程促进参与的宗旨，通过体系化的家长活动课程设计，增进家长对学校工作的了解，促进家长之间的交流，并最终达到提高家长参与学校教育教学活动的积极性、提升家校合作工作的质量与效率的目的。

目前我校的家长活动课程体系包括基础类必选课程、拓展类自选课程和特色课程三部分内容。基础类必选课程是家长必须要参与的课程，旨在通过“家长手册学习”“家长学堂”“家长开放日”“校长家长面对面”等活动，增进家长对学校的整体情况，特别是教育教学及相关活动的了解。拓展类自选课程是家长间互助共育的课程，目的是满足家长的多样化需求。为了使这类课程更符合家长的需求，学校前期对家长进行了需求调研，广泛听取家长意见，并将调研信息汇总、统计，在此基础上编制了拓展类自选课程。拓展类自选课程受到了家长的普遍欢迎。特色课程的目标在于将家长资源引入学校，以及收集家长对于学校发展、教育教学的意见和建议，以促进学校发展。对于家长特色课程的设计，学校主要在“精”字上下功夫，并在实施过程中不断总结、改进，力求使家长特色课程成为学校的品牌课程。

二、内容丰富的家长活动课程内容

(一)基础类必选课程

基础类必选课程以学校开展的普及性课程为主，主要包括“家长手册学习”“家长学堂”“家长开放日”和“校长家长面对面”等活动。

1. 家长手册学习

《走进我们的家——家长手册》是学校专门为家长编写的一本学校教育手册。这本手册全面介绍了学校的办学理念、基本规章制度，以及家长在平时应该注意的基本事项，同时也记录了许多家长分享的家庭教育心得。通过这份手册，家长很容易就能把握学校的办学思路，获取学校的相关信息，建立起与学校、教师的联系。

2. 家长学堂

家长是学生的第一任教师，是学生的引路人，他们需要具备一定的教育知识和方法。只有家庭教育与学校教育紧密配合，对学生的教育才是完整的、有效的。学校通过家长学堂，每学期为家长提供一次全校性的学习和交流机会，通过组织家长学习，聘请专家讲解国内外先进的教育理念，以及校长为家长解读学校办学理念和育人目标等一系列活动，教会家长科学的教子方法，促使家长与学校达成教育共识。家长学堂是家长的必修课。通过家长学堂的开展，家长间的交流更加充分了，家校间的联系也更加紧密了。

3. 家长开放日

为了加强家校间的沟通交流，提升家庭教育的水平，每学年学校都会邀请家长走进学校，让家长身临其境，感受学校的教育教学氛围。学校根据学生的年龄特点、成长规律，确定每个年级的开放主题，在六年时间里，让家长能够对学校形成全方位的了解。在家长开放日，家长会参与多学科的进班交流活动，这凸显了学校整体育人的理念。各年级家长开放日活动主题见表 6-4。

表 6-4 各年级家长开放日活动主题

年级	家长开放日活动
一年级	听课(感悟常规，培养习惯，语文、数学、英语及特色课程)
二年级	亲子趣味活动(运动会)
三年级	科任课(体验自主管理的课堂，特色课程)
四年级	读写活动(读写活动展示，特色课程)
五年级	说说心里话(亲子心灵沟通，特色课程)
六年级	话说心愿 畅谈理想(毕业典礼)

为了更好地促进家校间的沟通，将工作落到实处，在家长开放日后，每个家长都会填写反馈表(如表 6-5 所示)，分享参加活动后的发现和感受。

表 6-5 北京小学翡翠城分校家长开放日反馈表

学生姓名：____________

	重点评价内容	好	较好	一般
家长评价反馈	学生学习目标是否达成			
	学生积极参与课堂活动			
	课堂气氛是否融洽			
	学生课堂常规			
	学生学习状态			
	学生整体习惯是否良好			
	综合评价			
您的留言	针对本次活动及学校工作留下宝贵意见：			
	学生在课堂上最大的优点是什么？			
	您认为学生需要改进的地方有哪些？			

4. 校长家长面对面

每学期学校会开展“校长家长面对面”活动，每次随机选择一定数量的家长代表(通常每次从每班选两名家长，每次家长不重复)与校长进行面对面交流。通过这样的机制，校长向家长代表介绍学校的办学理念、学校的发展概况、学生在校生活和学习的情况，以及有关小学阶段教育的相关情况，家长代表向校长提出一些有关学校发展和教育教学等的意见和建议。

基础类必选课程的设置提高了家长对学校活动和学校管理的参与度，也促进了家长对先进教育理念的学习，为家长教育水平的提高打下了坚实的基础，促进了家校共育工作的开展。

图 6-4　“校长家长面对面”活动

(二)拓展类自选课程

1. 祖父母学堂

在现代家庭教育中，由于父母工作繁忙，因此学生的生活和学习通常由祖父母安排，这种“隔代教育”有时会给学校教育工作带来困难。为了更新祖父母们的教育理念和教育方法，我们开展了“祖父母学堂系列活动”，如邀请专家开展专题讲座，举行祖父母沙龙等。以 2018 年 3 月 23 日第一次祖父母学堂讲座为例，学校邀请了北京师范大学发展与教育心理学研究生、亲子专家杨谨老师来校做讲座。她从祖父母带学生的生活琐事入手，对祖父母在学生教育中的角色定位问题进行了分析，其中涉及的内容包括家庭关系分析、祖父母带学生的优势与劣势、带学生是不是老年人的义务等。

2. 家长沙龙

家长沙龙是由学校家委会课程部创办的，包括主题沙龙、读书分享和家长征文等活动。对于主题沙龙活动，家委会教育部会发动各班家委会委员征集各班家长意见，然后确定活动主题，让家长了解沙龙讨论的问题，以此来决定是否参加。家长沙龙的话题涉及“如何让学生不拖沓”“青春期我该怎么办”“为小升初做好准备”等方方面面。家委会教育部通过筛选家长资源，邀请一些家庭教育经验丰富的家长分享教育心得。班主任教师也会在班级中安排家长沙龙活动，以促进家长之间互相学习，互相交流，从而使家长更加了解如何进行亲子互动，以及如何更好地教育孩子。

家委会教育部同时会组织家长读书分享活动，让家长们就当今的教育形式、专家教育观点等进行交流，以帮助他们拓宽视野，发散思维，提升素质，积累更多的家庭教育经验。

家委会教育部还会组织家长征文活动，定期向家长征集有关成功教育经验的文章，并将征文汇集成册，提供给家长们学习交流。我校的多篇家长征文都在大兴区获奖并得以发表。

3. 快乐家庭学习苑

我们倡议家长成立社区学习小组。每到周末，该社区内的学生及其家长就会结成小组，在其中一个学生的家里写作业，并由这个学生的家长负责督促几个学生完成作业，然后在各家轮流进行。同时，负责督促的家长在学生写完作业之后还可以组织学生做游戏，或在小区里开展公益活动。在学生共同学习的过程中，家长们也开展了交流活动，共同探讨育子话题，分享育子经验。目前，附近小区里有“开心麻花”“虹香苑”“快乐小队”等小组，它们已经成为家家合作、家校共育的典范。

(三)特色课程

1. 家长讲堂

随着教育改革的不断深入和教育形式的不断变化，我们认识到仅靠学校的教育资源已经不能满足学生的需求，学生需要各方面的知识补给，而家长资源无疑是学校最为丰富的校外教育资源。我校学生家长的职业以专业技术人员、单位管理人员和个体经营者为主，这为我们开展家长讲堂工作提供了人力和内容上的保障。自 2009 年以来，家长讲堂已经开设上千场，并且深受学生和家长的喜爱。家长们纷纷走进学校，走上讲台为学生讲授知识。

图 6-5　家长讲堂

(1)家长讲堂的开展途径

第一个层面是班级层面。家长向班主任报名，为班级学生讲课。第二个层面是年级层面。年级组长就特定主题征集家长演讲，家长向年级组长提出申请，年级组长根据讲授的主题、内容进行筛选，为本年级学生安排讲堂。第三个层面是家委会课程资源部层面，也就是校级层面。课程资源部的委员根据学生情况、家长情况及学校需求等，发起家长讲堂，注重筛选，选取素质高且各方面能力强的家长当主讲，要求家长所讲的知识要有普遍意义。

(2)家长讲堂的内容

在我校，我们主要根据学生的需求和家长的职业来设置家长讲堂的内容。家长讲堂的内容大致通过以下三种方式来确定。

第一，根据学生的年龄、特点确定讲堂内容。

低段学生年龄较小，所以课程内容主要侧重于趣味性。家长们为了吸引学生的注意力，会用生动的语言、有意思的道具作为辅助，让讲授内容更加有趣、直观。高段学生已经进入青春期，所以课程内容主要侧重于理性。由于高段学生即将面临毕业，所以课程内容主要涉及梦想规划、职业理想等。另外，当同一年级的学生存在共性问题时，教师会以此为主题，向家长征集讲堂内容。比如，一年级学生不爱喝水，而且这种现象普遍存在，于是家长带来了“你会喝水吗”的主题讲座，通过动画、游戏让学生了解喝水的重要性。

第二，根据德育课程的内容确定讲堂内容。

根据各个年级德育活动课程的主题，年级组长会邀请家长来为学生讲课，以充实德育课程资源。例如，根据三年级的课程主题(“博爱”)，年级组长将第一学期家长讲堂的主题定为“热爱祖国”，并依此向家长发起了邀请，许多有这方面资源的家长纷纷报名参与。有个家长邀请了中国人民抗日战争纪念馆的程皓博士为学生介绍抗日名曲《大刀进行曲》的创作始末，还有个家长邀请了周恩来生前最后一任秘书纪东将军为学生讲述周恩来总理的故事。家长讲堂协助学校让“爱国”的情感流入学生的心田。

第三，根据当前的时事、热点话题确定讲堂内容。

当今信息发展迅速，学生每天都会接触到各方面的信息，因此对于时事、热点话题，学校也需要关注，为学生做好引导。在家长讲堂中，学校会利用家长资源更好地开展教育。例如，习近平总书记在党的十九大报告中提出要弘扬传统文化，于是学校安排家长为学生呈现了“四大发明”“有趣的书法课”“中国茶文化”等讲堂内容。2018 年，中非合作论坛峰会是举国关注的大事，学校因此组织开展了以“走进非洲”为主题的家长讲堂，让学生更好地了解非洲的风土人情，了解中非论坛的意义。

为保存家长讲堂的资料，我们建立了家长讲堂资源库，将每一次的讲堂录像及授课的内容留存，放入库中，供各班使用。家长讲堂至今已开办近十年，深受家长和学生的欢迎。家长作为教师走进学校，走进课堂，为教育教学活动提供服务。他们结合自身职业，为学生提供相关专业知识培训；结合自己的兴趣爱好，与学生一起探寻奥秘；结合自身经历，为学生传授经验、教训。家长讲堂既丰富了学生的知识，又开阔了学生的眼界，每一次讲堂在学生中反响都非常好。家长们在参与的过程中，体验了当教师的乐趣，了解了学生的特点，从而更加理解教师的工作。

家长讲堂活动改善了学校教育资源不足的现状，同时也丰富了课堂形式和内容，拉近了家校间的关系。

2. 家长志愿者

(1)校级层面的活动

身教重于言教。家长的言行对学生的影响是巨大的、潜移默化的，并且是长期和稳定的。因此，家长不仅要给予学生语言上的引导，更重要的是以身示范，做行动上的楷模。家长要在言行上为学生树立榜样，引导学生健康成长。

我们鼓励家长成为学校的志愿者，因此学校成立了家长志愿服务队，设立了多个服务项目，交由热心的家长去完成。他们自愿来到学校整理图书，在楼道内建立起流动图书馆，供学生随时阅读。在传染病高发期，家长们来到学校为各班消毒，为学生建立起卫生保障。在上学、放学的高峰时段，门口车多人多，志愿服务队的家长们为学生保驾护航。家长志愿者给学校管理和办学带来了意想不到的积极效果。

(2)班级层面的活动

班级层面的活动内容更加丰富多彩。班级家委会自发带领学生到电视台参观，到公园拓展，到户外植树，等等。一些热心公益的家长还会带着学生走进社区参加志愿服务活动，以爱育爱。在家长讲堂的积极助力下，学生们如火如荼地办起了学生讲堂。在家长们的热心服务下，学生志愿服务队也成立并壮大起来。

3. 校长半日接待

为了拓宽家长与学校的沟通渠道，满足家长的多样化需求，共同寻求让学生更好成长的方法，我们设立了校长接待日。家长与校长就办学理念、教师评价、小升初政策、学校的书香诵读活动等深入交换意见，把学校的家校工作落到了实处。

4. 家委会半日考察

除了全校的家长开放日外，我们每学期还会安排家委会建议部的成员随机选择一部分家长对学校进行“半日考察”。考察完全是在自由的情况下进行的，没有任何教师陪同，中午家长们会在学校食堂里与教师和学生共用午餐，从方方面面了解学校的工作。考察结束后，家长会跟学校沟通结果，提出发现的问题以及改进建议。这样的活动也是学校“开放办教育”理念的具体体现。家长们认为，让他们进校园考察，既是学校对家长信任的体现，又是学校对家校合作工作高度重视的体现。

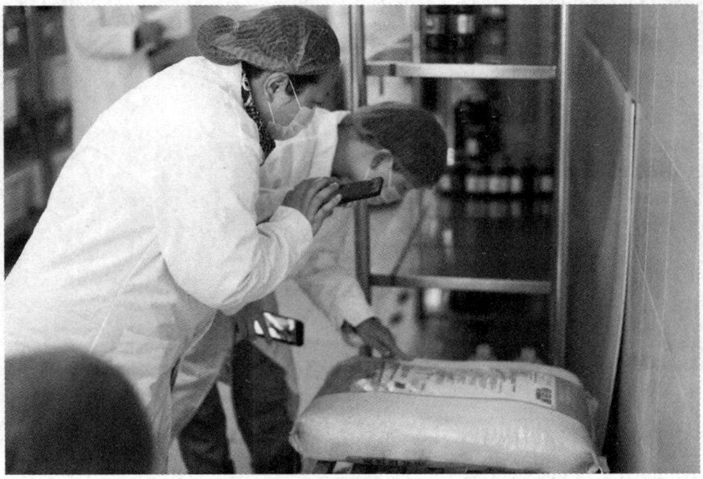

图 6-6　家长半日考察活动，家长在检查食堂食材

三、多元激励，提高家长课程参与度

为了提高家长对学校家长课程的参与度，我们成立了家长课程评价小组。组长由学校家校活动总负责人担任，组员由德育主任、大队辅导员、年级组长和班主任等组成。组织机构成员以全面提升家长家庭教育水平和学生素质为目的，落实课程评价机制，做好日常的统计工作，对于家长的基础类必选课程、拓展类自选课程和特色课程做好记录，并采取了多种措施激励家长积极参与学校的家长课程。

(一)家长争“章”

家长们每参与一次家长课程都会得到一颗星。学校组织机构会认真记录，并统计各个家长的得星数，为累计获得 10 颗星的家长颁发一枚翡翠勋章，每学年对得星数和勋章数进行统计，为得星数和得勋章数最多的家长颁发证书，以此作为对家长的激励。

图 6-7　家长“翡翠之星”表彰大会

(二)“爱心大使证书”与“志愿平台记录工时”

爱心大使证书是我们为做志愿者的家长颁发的一张荣誉证书。我们在“志愿北京”平台上申请了家长志愿者活动，在家长活动结束后为他们记录工时，以这种形式对那些志愿为学校付出、为学生服务的家长表达我们的敬意和谢意。他们用实际行动表达了对学生、对学校的爱，这是一种无私、不求回报的大爱，值得学校加以铭记。为了激励更多人参与志愿者活动，以爱育爱，学校在“志愿北京”平台上还申请了志愿家庭的服务活动，每年我们会统计家庭的服务工时，为志愿家庭评星定级。

我们在探索家长课程建构的过程中形成了行之有效的家校合作途径，在不断创新中积累了更多的经验，促进了家校关系的和谐发展。家长活动课程实现了学生、家长、学校多方位的提升。课程化的教育模式，既保证了教育的完整性，又让家校共同获益，实现了双赢。我校以“家校携手，为学生打造自由舒展的成长空间”为主题的专题片，成功入选中国教育电视台推出的“北京市百所特色学校展”。

第三节　环境应用课程化：基于自然、人文景观的课程建构

隐性课程也称潜在课程或隐蔽课程，是指学生在学校学习到的、未明确规定的、非官方的，以及通常情况下非计划中的信念、价值和规范等。显性课程通常由课程、教学、学生的学习活动，以及教育者有意识地传递给学生的知识和技能组成，而隐性课程通常由未言明的或暗含的学术、社会和文化信息等组成。学校文化和学校环境是隐性课程的重要组成部分，有观点甚至认为隐性课程就是学校文化。[①] 更多观点将隐性课程与学校环境联系起来，指出隐性课程是学校通过教育环境（包括物质的、文化的和社会关系结构的）有意或无意地传递给学生的非公开性

① 刘佛年：《关于教育改革中的几个问题——刘佛年同志在全国普通教育整体改革研讨会上的讲话（节录）》，载《中学教育（学校管理版）》，1987(3)。

教育经验(包括学术的和非学术的)。①

对于学生而言，他们的主要活动范围都在学校。学校环境是促进学生全面发展的养料，对于人的身心发展具有美育、导向、激发、陶冶、规范等特殊的功能。学校有意识地开发环境资源，并将其课程化，才能达到全面育人的目的。需要指出的是，环境应用课程化过程中容易出现泛化的问题，即笼统地将学校所有的环境因素都纳入环境应用课程当中。这种做法显然是有失妥当的。在我校的环境应用课程中，我们将两类要素纳入环境应用课程当中：一类是具有明确教育目标的、构成学校环境的各种物质文化元素；另一类是具有明确教育功能、为不同教育活动提供场地的空间因素。本节的主要内容就是对我校的校园环境课程建设和环境应用课程建构的介绍。

一、校园环境课程的建设

我们的校园环境课程建设遵从“绿色成长教育”理念，去除雕琢痕迹，追求自然，力求回归本真。具体课程分为以下三个方面，即物质层面的环境课程、文化层面的环境课程和互动层面的环境课程。

(一)物质层面的环境课程建设

1. 安全、舒适的校园环境

安全是学校一切教育的前提条件，是学校发展的基本保证。在日常管理中，我们会时刻注意查找校园中的安全隐患，以确保学生的在校生活能够安全无忧。学生在学校发现任何问题都可以直接反映给教师。在每年的学生代表大会上，我们也会专门让学生为学校写提案，建言献策。凡是学生发现的问题，学校都极其重视，并且马上进行整改。学校会定期对各种设施进行彻底检查，以确保学生的使用安全。

校园环境的安全是基础目标，校园环境的舒适是学校环境建设的更高目标。我们要让一切设施真正为学生服务，增强学生的归属感。每学

① 靳玉乐：《潜在课程论》，83页，南昌，江西教育出版社，1996。

期学校都会统计学生的身高，在开学第一周把每个学生的桌椅高度调整到适合他们的位置。楼道里的饮水机、文化专栏的高度也依据学生的身高而定，便于学生使用。在一些楼道的角落里或者花园里，我们会摆放一些桌椅，为学生提供独处、聊天的空间。

图 6-8　学生在秋千上玩耍

2. 多样化的活动空间

楼道是学生特别喜爱，而教师比较担心的场所。课间时间很短，学生大多是在楼道内活动，因此楼道内的安全非常重要。如何让学生在楼道内安全地玩耍是学校认真思考的问题。学校在楼道的墙壁上安装了许多益智游戏，如“比身高”“汉诺塔”等，使楼道变成了快乐的游戏场所。

教室也是可利用的空间。专业教室的桌椅都是可以拆分、组装的，而且专业教室的“一室一品”的特色吸引了学生。不仅专业教室如此，各班也都在探索教室桌椅摆放的新模式，尝试小组合作的方式，让桌椅位置灵活多变，让交流更加顺畅。教师将班级的环境布置作为一种课程开发，学生也发挥聪明才智，动手布置教室，让教室里处处充满童真童趣，凸显一班一特色。学校的少先队活动室是由教师和学生根据“绿野仙踪"主题设计的。神秘美丽的城堡，活泼可爱的四位主人公，为活动室增添了新鲜元素，吸引了众多学生来这里开会、举办活动。

图 6-9　音乐教室

图 6-10　适合中、高年级学生阅读的"翡翠书院"

多变的空间，激发了学生的求知欲，他们在娱乐中学习，培养了搜索信息、获取信息、自主学习、自主创造的能力。

(二)文化层面的环境课程建设

1. 凝聚学校精神的“成长林”与“海棠春潮”

银杏树为中国独有，堪称“国树”，它生命力很强，是“坚忍、勇敢”的化身。银杏树还寓意着“思乡”。我们将校树定为银杏树，是期望我校学生能够像银杏树一样，茁壮生长，昂扬向上，不断追求自己的梦想。我们在校园里设置了“成长林”，每届新生都会在“成长林”里种下一棵属于自己班的银杏树，他们还会为小树起一个好听的名字，六年中人树相依，共同成长。当学生毕业离开学校后，无论走到哪里，都会记得他们的根深深地扎在“翡翠城”这片沃土上，这里永远是他们的家。“成长林”是学校的标志性景点。

海棠花是我们的校花，它素有“国艳”之誉，是中国的特有植物。它的花语是美丽与优雅，我们希望学生们能够如花般优雅美丽，如花般灿烂美好。“海棠春潮”里各品种的海棠花清逸幽雅，别具神韵，不仅带给我们视觉上和精神上的享受，更是师生所追求的成长目标。

校树、校花所蕴含的精神形成了学校的强大向心力，这种精神在一届又一届的学生中传递。

2. 丰富学校内涵的“三翠亭”

我校绿化面积很大，最受师生欢迎的校园景点就是“三翠亭”。三座亭子分别名为“悦翠亭”“琢翠亭”和“融翠亭”。顾名思义，以“翠”为名，是希望凸显学校的“绿色成长教育”理念，也希望师生能够悦纳自己、赏识他人，在追求梦想的道路上锲而不舍。“融翠亭”在学校的南校区，寓意着虽然一校两址办学，但是学校的教育目标一致，教育理念一致，南北校区融合发展。校园里的一草一木、一景一物都诠释着学校的教育理念，陶冶着学生的情操。

3. 寄托学校理念的主人公雕塑

学校将《绿野仙踪》童话中的四个角色——小狮子、铁皮人、稻草人、多萝西引入校园中，用它们的可爱形象装点校园，让它们深入学生的内心，从而使它们所代表的美好品质在学生身上生根发芽。这四个形象在校园的不同角落出现，如北校区校门内主题彩绘墙上，南校区校门内的群体雕塑中。这些形象为学校注入了丰富的成长内涵，给予了学生正确的思想导向。

4. 凸显学校理念的“绿色成长”水幕

在南校区的下沉广场里我们设计了一面“绿色成长”水幕，中间是绿色的主题大字，上下各有几块分散错落的汉白玉石头，上面雕刻着学生打乒乓球、玩飞机模型、跳舞、弹琵琶、读书、画画的场景，预示着在“绿色成长教育”理念下学校对学生全面发展的希冀。在春、夏、秋三季，涓涓细流由上而下冲刷着壁画，产生一种动态的和谐美。在冬季，周边各色的石头显露出来，又产生了一种静态美。“绿色成长”水幕既是景观，又是对大家言行的鞭策与提示。

(三)互动层面的环境课程建设

学校里的教育无处不在，许多景点蕴含着深刻的内涵。校园环境为生生、师生创建了良好的互动交流的机会。互动层面的环境创设以社会为中心，将课堂与社会相结合；以生活为中心，将教学与生活实践相结合；以能力为中心，将学习知识与培养能力相结合，将“绿色成长”课程体系在校园的每一个角落呈现。

1.“梦想花园”

2015 年 9 月，我们的“梦想花园”正式落成，总面积为 1472.1 平方米。它分为学生园和教师园。花园中种植着近百种植物，其中 30％为中草药，为学生了解中草药提供了便利条件。“梦想花园”还为教师上课提供了新的场所，他们可以根据自己的课程内容，把室内课堂挪到室外，让学生亲近自然，伴着鸟语花香学习知识。“梦想花园”的建成扩大了教学资源，拓展了教育空间，创设了互动交流的良好环境。

图 6-11　楼顶的“梦想花园”

2.“种植体验园”

学校充分挖掘、整合社区及周边资源，为己所用。学校的东墙紧邻翡翠公园，有不少教师经常带着学生去公园上课。为了让学生更亲近自然，也增加一些成长体验，学校和区园林局、开发商协商，在公园里辟出一片近一亩(一亩≈666.7 平方米)的土地作为“种植体验园”，并将“种植体验园”分隔成不同形状的小花池分给各班，由学生开展浇水、除草等维护工作。

除此之外，学校内还种了四十多种树木，由学生亲自设计标牌和环保语。教学楼里的许多移动盆栽也都是由学生来照看的。楼道里、操场上、楼群间……只要是有空间的地方就会有绿色。每到收获的季节，当学生们看着自己精心培育的小苗茁壮成长，看着一朵朵美丽的鲜花盛开，都会非常激动，他们从中体会到了成长的艰辛和收获的快乐。种植体验，培养了学生的合作意识，促进了学生自我教育能力的提升。

3.“师生风采墙”

学校的中央大厅中有两面风采墙，它们以拼图的形式展现出师生的笑脸。就像每一小块拼图都各有各的精彩一样，在教师队伍建设和学生培养上，我们强调，“每个人都重要，每个人都精彩”，同时更注重合作与相容，因为只有这样才能拼出一幅更美的图画。风采墙体现了学校民主、和谐的师生关系。

二、环境应用课程的建构

除了发挥学校环境在育人方面的潜在功能外，学校在环境布置方面，也通过主题广场和个性舞台等方式，使学校环境成为教师教学活动和学生学习活动开展的载体，切实发挥了学校环境的育人功能。

(一)开放自主的主题广场

学校遵循“绿色成长教育”理念，为了突出自由、自主、开放的主题，设立了许多主题广场，让学生处处可玩，随处可学。学校把计算机、图书、乐器等全部放在楼道里，把科技馆也建在楼道里，让学生在玩中体验学习的快乐。文体活动场地中的设施，铸就了学生强健的体魄，培养了学生的爱好和特长。主题广场内布局合理，物品摆放整齐，培养了学生的秩序感和条理性，以及讲文明、讲卫生的好习惯。开放的使用环境，给予了师生极大的尊重，开放式的教育也促成了学校的和谐发展。

1.“翡翠书苑”与“悦读林”

“翡翠书苑”是中、高年级学生上阅读课的场所，书籍适合师生和家长阅读，而且他们可以办理借阅。整洁、安静的读书环境吸引了大量学生。“悦读林”则是以“森林”为主题的读书空间，是低年级学生上阅读课的地方。这里从暖气罩到书架都突出了“森林”的主题，学生会选择自己喜欢的方式读书，而且这里的座椅、沙发等都是缩小版，符合低年级学生的特点，便于他们使用。

图 6-12　“悦读林”

2. 书香广场

我们非常重视培养学生的阅读兴趣，所以在校园里力求营造良好的读书空间和氛围，让学生随时随地都可以读书，让书陪伴着他们成长。我们设置了许多区域供学生阅读。我们开辟出 890 平方米的公共开放读书空间，称之为“书香广场”。这里摆放着许多供学生阅读的书籍、杂志。每到课间或是放学后，学生们就会三三两两到这里读书。空间虽然是开放的，但是他们来到这里都能做到安静、有序，并知道读完书后把书放回原处。这里还有三台电脑面向学生开放，供学生随时查阅资料，或进行电子阅读。开放的空间给予了学生极大的尊重，也让他们慢慢学会了尊重他人，保护公物。

3. 艺术广场

艺术广场上的乐器全部为学生开放。学生走在其中可以了解乐理知识，也可以亲自触摸乐器。艺术广场上还有写生区，我们专门为学生准备了画架和静物。学生可以在这里作画，还可以筹备自己的画展。艺术广场上还有一台钢琴，学生可以随时弹奏，一展才艺的同时陶冶性情，感受音乐之美。

4. 科技广场

科技广场上有面向学生开放的电脑，供他们随时查阅资料；有许多科技设施，供他们体验；有活泼可爱的小仓鼠、小鱼，等待学生精心喂养；还有多种盆栽，等待学生去照料。课余时间，学生就会聚集到这里玩耍，他们在玩中了解科技的奥秘，在体验中学会与动植物和谐相处。

(二)彰显学生风采的个性舞台

每个学生的心中都有一个舞台，用来彰显他们的风采。“翡翠城”是梦想开启的地方，学校希望为学生搭建起各种各样的舞台，激发他们的学习动机，培养他们积极进取的精神。

1. 书香舞台

每个图书馆里都有一块“书香舞台”，它是学生交流读后感的舞台，也是小组展示阅读收获的舞台。每节阅读课的最后 5 分钟，教师都会留给学生，让他们交流自己的读书感受，或者推荐自己喜欢的书籍。每月学校都会举办“同读一本书”的活动，在月底的汇报展示中，学生们有的绘制思维导图，有的演绎课本剧，还有的邀请父母一起进行亲子阅读展示等。

2. 领操展示台

在操场正中，学校设计了一个领操展示台。虽然在许多学校我们都能够看到类似的展示台，但是我校的体育教师却赋予了它新的教育意义。他们会根据前一天的做操表现，选出第二天的领操员，这为许多学生提供了展示自我的机会。此外，这个展示台还成了升旗仪式中班级、年级书香诵读和展示传统文化等活动的平台。

3. 梦想舞台

梦想舞台位于风雨操场，学校的重大演出活动都在这里举行。为了给每个学生展示的机会，学校要求各班在文化节上以班为单位出节目，英语节、读书节、艺术节都是学生展现风采的时刻。这个舞台还面向班级、年级开放，争取让每个学生都能登台，都能展现属于自己的精彩。

三、对环境应用课程化的评价

课程评价是评定课程效果的重要措施，也是发现课程中存在的问题，并进行修改调整的依据。对于学校隐性环境课程的评价，我们主要依靠学生、教师进行。学校首先要创设让学生满意的环境文化，确保环境创设是符合学生需要的，是舒适的、安全的、有意义的。每学期，学校都会召开座谈会，了解学生喜欢的校园景点，并收集改进意见和建议，力求做到使环境真正为学生服务。另外，环境的创设也要获得教师的认可，满足教师的审美需求。为了使教师满意，学校会邀请教师参与学校环境的设计。例如，在建立南校区时，学校请美术教师参与设计，并请全校教师就设计出的样稿进行投票，保证环境创设理念是大家共同认可的。

每学期，学校都会向学生、教师征集提案，校长还会与学生、家长、教师进行面对面交流，了解他们对学校设施建设、学校文化建设的意见和建议，并根据意见和建议进行不断完善。

多年来，学校在环境创设上有很多创举。学校从学生发展的角度出发，注重物质、文化和互动层面的环境建设和开发，通过环境的暗示、感染、熏陶，使学生将分布在环境中的信息内化为自己的心智。我们在校园的每个角落都注入教育的元素，让每一个空间都能为学生的绿色成长服务。

事实证明，环境文化的导向、陶冶、激发等功能可以产生强大的教育作用和深刻、长远的教育效果。我们将环境文化与教育教学紧密结合起来，使静态的环境活动化、体系化、系列化，从而凸显环境课程的特点。我校也因此获得“北京市花园学校”“北京市首批校园文化示范校”“文化育人魅力学校”等称号。

第七章

实施策略：课程体系的实践落地

课程体系的构建固然重要，但更加不容忽视的是课程实施。课程实施是指把课程计划付诸实践的过程，它是达到预期课程目标的基本途径。① 课程实施涉及的问题是广泛而复杂的，任何一个新课程计划的实施，都将涉及目标、内容、组织结构、方法、评价等一系列变革过程。因而，从实施层面考察课程建设工作，也就显得更有价值。

在国内外学校教育实践中，各个国家和地区的课程实施情况存在很大差异，所反映出来的问题也不尽相同。就我国来说，目前课程实施主要存在以下几大问题：一是行政主导，缺少参与，学校、师生更多处在一个被动配合的状态。二是重设计，轻实施，许多课程流于形式，无法达到预期效果。三是教师专业发展与课程改革失配，教师缺乏课程专业能力和课程专业自主权，这是目前课程实施过程中的最大阻力和障碍。四是课程资源单一，偏重学科，学生的学习局限在书本上、课堂上，学校没有开发利用其他丰富的课程资源。五是课堂策略缺乏变革，教学改革并没有和课程改革紧密结合起来，这使得新课程的推行困难重重。②

针对以上问题，我们力求在课程实施上有所突破。在 11 年时间里，学校从实际出发，立足学生核心素养培育，形成了别具一格的课程体系，这一课程体系现在正逐步落地生花，成为学校变革的标志和支撑学校长久发展的奠基石。总体来说，学校始终秉持一步一个脚印、扎扎实实地“摸着石头过河”的原则，在课程实施中持续研究、思考存在的问题，找寻解决问题的路径和策略，校内各方通力合作，共同应对，努力为学生构建特色系列课程，助力他们健康成长。本章将从课时整合、师资安排、修习方式、管理方法四个角度介绍我们在课程实施上所做的工作。

---

① 施良方：《课程理论——课程的基础、原理与问题》，128 页，北京，教育科学出版社，1996。

② 靳玉乐：《课程实施：现状、问题与展望》，载《山东教育科研》，2001(11)。

第一节　课时整合：长短课与自主课时

任何教育和教学活动都是在时间维度和空间维度内展开的。如何在一定的课时①内实现教学效益的最大化，是教育研究者与实践者都十分重视的课题。② 过去，我国的课时较为固定，学校没有根据课程的特点设置弹性课时，这就导致一些课程在实施过程中难以达到预期的效果。随着课程改革的推行，弹性课时引起了教育界越来越多的关注。

《北京市实施教育部〈义务教育课程设置实验方案〉的课程计划（修订）》中在课程安排方面指出，“有条件的学校应积极开展长短课结合的实验”，同时在课程设置说明中也指出，“地方课程是由区县开发的在本区县范围内统一开设的课程。校本课程是由学校开发的在本校开设的课程。地方课程和校本课程的设置与开发应根据当地社会、经济发展的具体情况，结合本校的传统和优势、学生的兴趣和发展需要进行”，并强调“地方和校本课程的学时可以与综合实践活动的学时结合在一起使用，可以分散安排，也可以集中安排”。课程自主权的进一步下放，增大了区县和学校的课程自主权，使课程结构中的大小课、长短课体现得更加灵活和契合学校发展要求，凸显了区域和学校的课程领导力和课程特色。

根据北京市课程改革精神与政策布置，我们从自身实际出发，在遵从培养“快乐生活、勇于探索的梦想少年”目标的前提下，出于尊重学生的成长规律，保证学生的身心健康，确保校本课程体系有效实施的目的，大胆尝试了长短课时、大小课时相结合的教学方式。

---

① 教育部颁布的《义务教育课程设置实验方案》中使用的是“课时”的概念，而《北京市实施教育部〈义务教育课程设置实验方案〉的课程计划（修订）》中使用的是“学时”的概念。本文中主要使用“课时”的概念，在直接引用政策文本时则根据政策内容决定使用“课时”还是“学时”。

② 张梦琦、王晓辉：《浅析法国小学新课时改革》，载《外国教育研究》，2014(3)。

一、课时的调整与设计

以前每节课固定为 45 分钟，这已是“常识”，现在学校打破惯例，实行学时总量控制，根据学科、课型的不同开展长短课、大小课相结合的课程实验。

我校课时调整的两大举措如下：

一是根据实际需求，将长短课错落编排，把时间充分利用起来。我们将原来的每天 6 节 40 分钟的大课，调整为每天 8 节课，前三节课每节课为 35 分钟，后五节课每节课为 30 分钟。长短课的错落编排既保证了时间的充分利用，也照顾到了不同课程类型所需时间不同这一现实问题，是提高课程质量的重要举措。

二是将大小课时相互结合。教师根据实际需要，自主安排课时，如 60 分钟的主题实践课程，70 分钟的美工课程，60 分钟的舞美、茶艺、钢琴等课程，30 分钟的阅读大课，20 分钟的诵读小课等。这样长短课时、大小课时的结合在保证落实国家课程的基础上，为课程的品牌化实施提供了可能性。

由表 7-1 可知，在课时调整之后，我校的国家级课程语文、数学、品德与生活、品德与社会、艺术类的课时安排相较于区课时量都有小幅度的减少，但因为这些课程与地方课程、校本课程相互渗透，实际教学质量并没有下降，育人效果也有所保障。在国家级课程中，我校英语、体育两门课的课时安排要多于区课时量，这是我们积极领悟上级课程改革精神的一次有益的尝试，也是符合当下教育潮流的一次改革。从表 7-1中我们还可以清晰地看到，经过这次课时调整，我们的区本、校本课程时间都远远高于大兴区要求的课时量，这些自主课时都被用于学校特色类课程的实施，这些课程又都是为我校学生量身打造的，更加契合他们的特点和成长规律，其育人效果可以说是事半功倍的。

表 7-1　大兴区小学课程设置与北京小学翡翠城分校课程设置及课时情况对比表

	大兴区课程设置情况						翡翠城分校课程设置情况						备注
课时（每周）年级 / 科目	一	二	三	四	五	六	一	二	三	四	五	六	需说明的内容
品德与生活	2	2					2	2					我校每节课 30～35 分钟，每周少 10 或 20 分钟，但与班会、队会、地方课程整合。
品德与社会			2	2	2	2			2	2	2	2	我校每节课 30～35 分钟，每周少 10 或 20 分钟，但与班会、队会、地方课程整合。
科学			2	2	2	2			2	2	2	2	我校每节课 30～35 分钟，每周少 10 或 20 分钟，但与科技校本课程整合。
语文	8	8	6	6	6	6	9	9	9	9	9	9	一、二年级语文 8 节，书法 1 节，每周 315 分钟，少 5 分钟，但与每天“书香时刻”的 20 分整合使用。三至六年级每周 315 分钟，多 75 分钟。
数学	4	4	4	4	4	5	5	5	5	5	5	5	一至五年级每周 175 分钟，多 15 分钟。六年级每周少 15 分钟，但与数学实践活动课程整合使用。
英语	2	2	3	3	3	3	3	3	4	4	4	4	一、二年级每周多 25～30 分钟。三至六年级每周多 10～20 分钟。
体育	4	4	3	3	3	3	4	4	4	4	3	3	没有体育课当天有一节体育活动。三、四年级每周多 10～20 分钟，五、六年级每周少 10～15 分钟。

续表

<table>
<tr><td colspan="2" rowspan="2">课时（每周）　年级
科目</td><td colspan="12">大兴区课程设置情况</td><td colspan="6">翡翠城分校课程设置情况</td><td>备注</td></tr>
<tr><td colspan="2">一</td><td colspan="2">二</td><td colspan="2">三</td><td colspan="2">四</td><td colspan="2">五</td><td colspan="2">六</td><td>一</td><td>二</td><td>三</td><td>四</td><td>五</td><td>六</td><td>需说明的内容</td></tr>
<tr><td colspan="2">信息技术</td><td colspan="2"></td><td colspan="2"></td><td colspan="2"></td><td colspan="2"></td><td colspan="2"></td><td colspan="2"></td><td></td><td></td><td>1</td><td>1</td><td></td><td></td><td></td></tr>
<tr><td rowspan="2">艺术类</td><td>音乐</td><td rowspan="2">4</td><td>2</td><td rowspan="2">4</td><td>2</td><td rowspan="2">4</td><td>2</td><td rowspan="2">4</td><td>2</td><td rowspan="2">4</td><td>2</td><td rowspan="2">4</td><td>1</td><td>2</td><td>2</td><td>2</td><td>2</td><td>2</td><td>1</td><td>我校每节课 30～35 分钟，每周少 10 或 20 分钟，但与音乐社团、艺术节整合使用。</td></tr>
<tr><td>美术</td><td>2</td><td>2</td><td>2</td><td>2</td><td>2</td><td>1</td><td>2</td><td>2</td><td>2</td><td>2</td><td>2</td><td>1</td><td>我校每节课 30～35 分钟，每周少 10 或 20 分钟，但与美术社团整合使用。</td></tr>
<tr><td rowspan="4">自主课时</td><td>学科实践活动</td><td colspan="2">3</td><td colspan="2">3</td><td colspan="2">3</td><td colspan="2">3</td><td colspan="2">3</td><td colspan="2">3</td><td>3</td><td>3</td><td>3</td><td>3</td><td>3</td><td>3</td><td>我们把学科实践活动、主题课程与社会实践整合使用。</td></tr>
<tr><td>市级地方课程（含专题教育综合等）</td><td colspan="2">1</td><td colspan="2">1</td><td colspan="2">1</td><td colspan="2">1</td><td colspan="2">1</td><td colspan="2">1</td><td>1</td><td>1</td><td>1</td><td>1</td><td>1</td><td>1</td><td>一至六年级每周 1 节，四年级与心理健康整合。</td></tr>
<tr><td>区本、校本课程</td><td colspan="2">1</td><td colspan="2">1</td><td colspan="2">1</td><td colspan="2">1</td><td colspan="2">1</td><td colspan="2">3</td><td>3</td><td>3</td><td>3</td><td>3</td><td>3</td><td>3</td><td>校本课程每周 3 节。一、二年级为钢琴（葫芦丝）、舞美、阅读；三、四年级为科技（茶艺）、阅读、社团活动；五、六年级为篮球（中医药）、阅读、社团活动。</td></tr>
<tr><td></td><td colspan="12">班会、队会等</td><td colspan="6">班会、队会每周 1 节，学科、德育实践活动可整合使用自主课时</td><td>一、二年级自主课时 4 节，三、四年级自主课时 2 节，五年级自主课时 4 节，六年级自主课时 6 节。</td></tr>
<tr><td colspan="2">周学时总量（分钟）</td><td colspan="2">1160</td><td colspan="2">1160</td><td colspan="2">1320</td><td colspan="2">1320</td><td colspan="2">1320</td><td colspan="2">1320</td><td>1265</td><td>1265</td><td>1265</td><td>1265</td><td>1265</td><td>1265</td><td>一至六年级每天中午“书香时刻”的 20 分钟计算在内。但每周二至周四课外活动 1 小时没有计算在内。</td></tr>
</table>

二、调整课时依据的因素

课时改革是进行课程内容建设的第一把钥匙。调整之后的课时安排更加符合学生的心理、生理发展特点，能满足学生的实际需求，新课时的落实可以说是我们课程建设的一个亮点。课时改革，缩减了基础课程的课时长度，增加了校本课程时间，凸显了我校南、北两个校区的特色发展趋势——北校区国际特色，南校区民族特色。这次改革是对原有课程建设单一以学科学习为主模式的突破，借此，学校能全面依靠增设的课程，落实学生核心素养的培养。

在调整课时的过程中，学校遵循一定的流程和步骤，并考虑诸多因素的影响(如图 7-1 所示)。

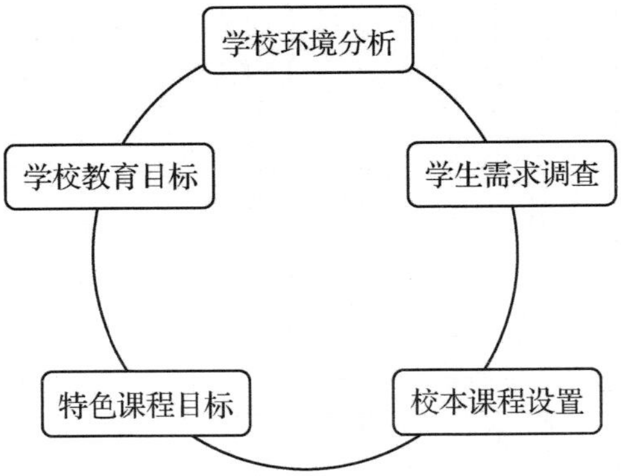

图 7-1　调整课时依据的因素

影响课时长短的最直接因素就是校本课程的数量及其目标，学校在安排课时时首先要考虑这两个因素。此外，学生的实际需求与学校的教育目标构成学校环境，学校环境是校本课程及其目标设置的最根本的影响因素。因此，学校在调整课时时要对学校环境进行全方位的分析。经过综合的考量，我们认为学校课程建设内容是贴合自身发展需求的。

三、课时调整的影响

课时的调整，不仅激发了学生的学习热情，也为学校教师教育及科研水平的提高提供了契机。新课时的实施对教师的教育及科研是一次触及难点、破解瓶颈的挑战，同时也是敦促教师成长和改变观念的良方。北京小学翡翠城分校的师资队伍是一个年龄结构比较合理、专业知识和技能比较扎实的团队。在构建“绿野仙踪”课程体系的过程中，我校教师成了课程的设计者，他们依据自身的课程实施能力，结合课程内容和教学方法，搭建起全新的课程体系，实现了课程资源的有效整合，提升了课程的育人质量。在这次课程体系构建过程中，教师对课程的认识得到了深化，对课程的驾驭能力得到了提高。在整合之后的课程中，教师的角色从一个完全封闭在自己课堂内的“自治者”转变为一个与课堂外的同行一起协作的合作者。课程整合是服务于学生绿色成长的需要，也是打造一支团结协作、一专多能的复合型师资队伍的需要。

在落实长短课时与自主课时的实践中，我们将原有的一节课 40 分钟浓缩为 30 分钟，这样的改变对教师的教学无疑提出了更高的要求，同时对教师的身心适应也是一种新的挑战。在课时调整的最初阶段，教师们普遍认为，由长课时变为短课时最大的难点在于教学设计，最具有挑战性的是课堂的教学过程，因为既要关注学习内容，又要关注学生的掌握情况，对课堂上的质疑，教师要及时反馈，对多数学生的接受状况，教师要了如指掌，诸多问题涌向整个教师团队。面对困难，我校教师不断挑战自我，形成了北京小学翡翠城分校“自主本真”的课堂理念，即课时短，容量大，效率高，目标准，教学体现活而实。这样的课时整合改变了教师的教育观念，即即使课上时间短，也不能忽视对学生人性化的关怀，课堂就要以学生为本，这彰显了课时改革的魅力。

课时改革促进了教师科研能力的全面提升。要想在短课时内实现课堂效果，教师就要朝着“短”→“精”→“趣”的方向实施课堂教学，每位教师在上课前都要做到备教材、备学生、备资源。在长课时变成短课时和自主课时的实践中，学校教研组的教研意识得到了空前提升，各教研组每周都安排了固定的教研日，将所教内容进行组内共享，再把优化后的课程内容呈现给广大学生。

长短课时相结合的课程实施策略提高了教学效率，唤醒了学生的内在学习兴致，“瘦身5分钟”的课时，符合小学生的心理和生理发展规律以及注意力持续时间相对短暂的特点。在没有增加学生学业负担的前提下，长短课时的出现，使得学生的学习内容日趋科学合理。借着此次课程改革的东风，葫芦丝、篮球、茶艺、中医药等特色课程都被带到了课堂上，学生的综合素质得到了极大提升。

四、效果与经验

为了尽快完成校本课程的品牌化，在实施新课时的过程中，我们特别重视自上而下的指导，重视课题研究和课程质量的监督检查。校级中层领导重视对教师工作的指导，年级组长协同年级组教师开展课程整合，教研组长协同本段教师开展融合课程。领导挂帅，带领教师开展专题研究工作，重点对短课时的教学质量进行检查，包括电子备课、常态课、作业、学生辅导等。多措并举优化了学校课程结构，使之适应了时代发展需求，提高了学生素质。

第二节　师资安排：多层次、多向度的聚合

教师素养是学校教育品质最重要的影响因素，决定教育品质的关键乃是在学校里实际承担教学任务的教师。卓越的师资无疑是达成高品质教育的必要条件，若缺少了教师的参与，或没有把教师置于核心位置，一切有关教育改革和提升教育品质的设想都将流于形式。[①] 教师最基本的任务就是教学，而教学又是课程实施的基本途径，所以教师素养的高低直接影响课程实施的效果。

---

① 饶见维：《教师专业发展：理论与实务(第2版)》，3页，台北，五南图书出版公司，2003。

图 7-2 教师教研活动

近年来，教师队伍建设已经引起了国家的高度重视。2018 年 1 月 20 日，《中共中央 国务院关于全面深化新时代教师队伍建设改革的意见》中指出："到 2035 年，教师综合素质、专业化水平和创新能力大幅提升，培养造就数以百万计的骨干教师、数以十万计的卓越教师、数以万计的教育家型教师。教师管理体制机制科学高效，实现教师队伍治理体系和治理能力现代化。教师主动适应信息化、人工智能等新技术变革，积极有效开展教育教学。尊师重教蔚然成风，广大教师在岗位上有幸福感、事业上有成就感、社会上有荣誉感，教师成为让人羡慕的职业。"

为了落实党中央、国务院的大政方针，提升教师队伍的整体素质，全面推进学校的课程实施工作，我们针对学校教师队伍的特点，制定了相应措施，同时聚合各种社会资源，为学校教师的成长注入活力。我们现有在编教师 122 人，其中硕士研究生 15 人，市区学带、骨干占任课教师总数的 27.8%。随着学校的不断发展，我们对专业教师的要求越来越高，全体教师也营造出浓厚的学习氛围，形成了自主管理的年级模式和凸显特色的教研团队。

为了顺利推进学校课程建设，我们依托教研组和年级的力量聚合师资。鉴于教师在学校课程实施中的重要作用，我们对教师采取了培养和培训双管齐下的方针。全体教师一方面在日常工作中不断提升自身修养，另一方面定期接受学校安排的各种学习和培训，以提高各种能力。同时，我们还打开思路，最大限度地聚合校外的师资力量，从而为学校的课程实施提供更多的师资支撑。

一、多措并举，提升教师素质

要提升教师队伍的整体素质，我们就要对教师队伍本身进行全方位的诊断，从而发挥优势，补齐短板。为此我们对教师课程建设中的“SWOT”(即优势、劣势、机会和威胁)进行了全面分析。

优势(S)：我校教师接触课程改革的时间相对较早，教师队伍年轻，学习能力和接受能力较强，每个人都具备学科专长，具有科研意识。在课程改革中，我校教师充分发挥自身优势，并借鉴兄弟学校的经验，构建出有我校特色的课程体系。

劣势(W)：教龄相对较短，一线教学经验不足，在落实新课程的过程中难免遇到一些障碍。

机会(O)：校本课程的开发是教师提升自身素养、科研能力，成为新时代教师的机遇。新课程的创构和实施为我校教师提供了一个展示自我和实现自我发展的平台。学校也在充分调研师资水平的基础上，根据教师的兴趣和能力有针对性地开设了一些校本课程。

威胁(T)：在完成基本教学任务之后，一些教师的专业特长和兴趣爱好还没有得到充分施展和发挥。我校“绿野仙踪”课程体系的建设和实施需要全体教师参与其中，贡献自己的聪明才智。

清楚了教师队伍在课程实施中的优势和不足，我们可以更好地推动校本课程的品牌化建设。从教师自身发展的要求来讲，特色校本课程的实施，从前期的课程设置、师资培训，到具体的课程实施，再到后期的课程评价等，对教师来讲都是一个学习、锻炼和积累的过程，可以促进他们的快速成长和成熟，使他们的个人价值得以充分体现，使他们早日成为学校的“品牌教师”。为此，我们从以下四个方面对教师进行“内提升”。

（一）加强学习引领

培养教师的学习习惯是我们的一大特色。每月校级领导必须阅读一本书，然后向中层干部分享读书体验并做出推荐；中层干部要在每月例行的班子会中分享推荐所读书目，畅谈读后感受以及如何把书中内容学以致用。每学期教师在返校后要进行暑期阅读分享，相互交流阅读经验。学校的“翡翠书苑”中有为教师开辟的阅读专区，教师可以根据自己的需求加以利用。学校还组建了“翡翠城教师工作群”，校长会在群平台上为教师推荐合适的阅读书目。

图 7-3　教师读书分享

教育的智慧源于阅读，课程的实施源于思考，学校教师人人阅读这一氛围的形成为他们的专业成长和素质提高提供了强有力的帮助。我校课程建设的成功源于一支拥有良好阅读习惯的教师团队。

附　张文凤校长 2018—2019 年第一学期群平台推荐书目

校长推荐给教师的书

一、经典名著类

1.《爱弥儿论教育(下)》,[法]卢梭著,李平沤译,北京,人民教育出版社,2001 年版。

2.《教育漫话》,[英]约翰·洛克著,徐诚、杨汉麟译,石家庄,河北人民出版社,1998 年版。

3.《民主主义与教学》,[美]约翰·杜威著,王承绪译,北京,人民教育出版社,2001 年版。

4.《学与教的心理学》,皮连生主编,上海,华东师范大学出版社,1997 年版。

5.《儿童发展》,[美]劳拉·E. 贝克著,吴颖等译,南京,江苏教育出版社,2002 年版。

二、理论拓展类

1.《自我实现的人》,[美]马斯洛著,许金声等译,北京,生活·读书·新知三联书店,1987 年版。

2.《教育哲学通论》,黄济著,太原,山西教育出版社,2010 年版。

3.《中国的智慧》,韦政通著,长沙,岳麓书社,2003 年版。

4.《西方的智慧》,[英]伯兰特·罗素著,马家驹、贺霖译,北京,世界知识出版社,1992 年版。

5.《人是如何学习的——大脑、心理、经验及学校》,[美]约翰·D. 布兰思福特等编著,程可拉等译,上海,华东师范大学出版社,2002 年版。

三、教育实践类

1.《向孩子学习》,孙云晓主编,昆明,晨光出版社,1998 年版。

2.《教学教育过程最优化》,[苏]巴班斯基著,吴文侃译,北京,教育科学出版社,2001 年版。

3.《课堂中的皮格马利翁——教师期望与学生智力发展》,[美]罗森塔尔、雅谷布森著,唐晓杰、崔允漷译,北京,人民教育出版社,1998 年版。

4.《教学机智——教育智慧的意蕴》,[加]马克斯·范梅南著,李树英译,北京,教育科学出版社,2001 年版。

5.《讨论式教学法:实现民主课堂的方法与技巧》,[美]布鲁克菲尔德、普瑞斯基尔著,罗静、褚保堂译,北京,中国轻工业出版社,2002 年版。

2018 年 8 月 29 日

(二)加强教研指导

我们加强备课管理，开辟了网上备课平台，使每位教师都可以通过网络平台查阅优质的教学资源，利用师带徒的模式，使新教师入职后能第一时间了解课程的含义，提高备课质量。在课程实施过程中，各教研组要集中备课，围绕“学什么，怎么学；教什么，怎么教；练什么，怎么练”制定单元目标、课时目标，最后再围绕“改什么，怎么改”进行教学反思，增强教师的研究意识，最大限度地开发课程资源。

经过持续不断的探索，我校逐渐形成了一套成熟的教学流程：个人备课→集体备课→试讲(同轨班级一)→专家听课评课(授课教师班级)→修改教案→复讲(同轨班级二)→形成教案、课件→入资源库。教师在这一过程中互相启发，互相鼓励，共同提升，有效地促进了自身的专业发展，为课程实施提供了坚实的保障。

科研能力是教师必备的能力，以科研促进自身专业发展已经成为全校教师的共识。加强师资建设，开展教育科研实践，提高教师的教研能力是提升教师整体素质的必由之路。随着课程改革工作的不断深入，课程实施过程中的问题不断暴露，要想解决问题就必须为教师搭建学习和科研的平台，引导教师在教学过程中发现问题，形成课题，解决难题。

(三)加深培训力度

“他山之石，可以攻玉。”不断吸纳与学习他人经验可以使教师在专业成长之路上少走弯路。为此，我们积极组织各种专业培训，拓宽培训渠道，提升教师的专业素养。

我校在迈进 11 年校龄之际，开展了三校区联合专业培训会，群策群力，研讨学校未来三年的发展规划。在此之前，学校对教师如何撰写个人专业发展规划进行了指导性培训，同时启动名师培训工程。教育的本质是：“一棵树摇动另一棵树，一朵云推动另一朵云，一个灵魂唤醒另一个灵魂。”教师的成长也需要灵魂导师。因此，我们邀请了国家级、市区级特级教师作为学科团队的专业导师，为我校教师的专业发展保驾护航。

(四)加强科研指导

为督促教师开展课题研究，我们设立了三级教师梯队，即启航型、进阶型、引领型，搭配进行课题攻关。在课题组撰写开题报告、中期报告、结题报告阶段，学校都会聘请专家团队进行研讨，所有教师都可以聆听学习。同时，学校会组织教师“走出去”参加各种学术研讨会，还会定期或不定期地聘请专家来校开展讲座。学校倡导人人参与课题研究，鼓励个人承担学科课题。

二、聚合资源，丰富学校师资力量

美国当代著名的教育家、哲学家诺丁斯说：“好教育就应该极大地促进个人和集体的幸福。”①杨四耕教授在解读此话时称：“课堂教学是师生双边活动，没有教师幸福地教，也就没有学生幸福地学。当教师和学生积极参与到课堂教学之中，让生命释放意义感，就能在丰富多彩的教学活动中成长，获得生命意义上的幸福感。”②可见，教育幸福应该是学生与教师的和谐相处，是两个主体间平等、自如的交往。本着这样的原则，学校深刻思考师生关系的本质，通过以生为师、多方为师的方式，最大限度地丰富学校师资。

(一)以学生为师

“一只站在树上的鸟儿，从来不会害怕树枝断裂，因为它相信的不是树枝，而是它自己的翅膀。”如果把学生比喻为一只只振翅欲飞的小鸟，那么学校所开设的课程便是他们飞翔的翅膀。为了使学校课程更加符合学生的实际需求，我们邀请一部分学生参与到课程建设中来，充当

---

① ［美］内尔·诺丁斯：《幸福与教育》，龙宝新译，8页，北京，教育科学出版社，2009。

② 转引自秦娟：《让课堂洋溢生命感》，109页，上海，华东师范大学出版社，2017。

教师课程构建的小顾问。

宽松民主的环境，使得学生经常有出色的表现。一年级的小男生在年级内开设了“学生讲堂”，自信满满地向大家介绍他喜欢的十余种汽车，从生产厂家、性能到价位说得头头是道；二年级的小女生自己写剧本，招募演员，排练童话剧。

为了使课程更适合学生的“口味”，我们重视倾听学生的意见。每学年开学第一周，我们都会组织力量，调查学生的课程需求，然后归总、统计、筛选，只要有某个课程意愿的学生人数达到 15 人以上，我们就想方设法满足学生的心愿，就这样，我们的课程体系和课程实施方式越来越彰显出服务于学生绿色发展的特质，受到学生和家长的好评。

学生除了能在课程建设上建言献策外，还能成为各个社团的主角。社团成立后，学生们可以为自己的社团取名字，设计标志，制定社团制度，制订活动计划。“品茗赏艺”“岐黄社”等名字都来自学生的创意。学期初，各社团都会制订周密的活动计划。在活动中，学生与教师一起记录社团的活动内容。每年 6 月，学校举行红领巾社团风采展示、社团开放日等活动，学生在这些活动中可以获得不同的体验，增长多方面的知识。

(二)以家长为师

我校学生的家长职业丰富，学历水平普遍较高，这为家长进校园，整合教育资源，提升育人品质奠定了坚实的基础。学校在实行开放式的课程之后，把“家长资源”转为“教育资源”，不同职业、不同社会背景的家长被邀请到学校参与教育活动，“家长讲堂”应运而生，目前已开设数百讲，极大地丰富了学校的课程资源，弥补了教师相关专业知识不足的缺陷。家长也通过参与学校教育活动，加深了对孩子的了解，提升了育子水平。

摘录 1：2018 年 5 月，一年级家长讲堂：《走进快乐小梨园》

沐浴着 5 月的阳光，感受着 5 月的热情，2018 年 5 月 14 日，一年级全体学生聆听了一场有关国粹——京剧的讲座。这场特别的讲座是由一年级(3)班张梦萱的叔叔——李辰光给学生们带来的。李辰光是北京市京剧院的演员，有着丰富的舞台经验。他用风趣幽默的语言向学生们介绍了京剧的演变过程，京剧的四个行当(生、旦、净、丑)，以及各个行当的特点，还通过视频让学生领略了童声京剧的魅力。

学生对李老师非常热情，在讲座过程中不时地有学生向李老师提问，李老师耐心地给予解答。学生一个个聚精会神地听着李老师的讲解。讲座结束了，这堂课在学生心中留下什么？也许只是一些懵懂的概念，也许是那些好看的戏服，也许是热闹的场面……不管在学生心中留下了什么，那颗国粹的种子已在学生心中埋下，希望有朝一日它能够开花结果。

——摘自北京小学翡翠城分校微信公众号信息

摘录2：2018年5月，三年级家长讲堂：《插上高科技翅膀，遨游计算机大世界》

2018年5月18日，迎着骄阳，和着春风，三年级学生迎来了一次特殊的“家长讲堂”。三年级(3)班李江璨同学的妈妈正在与学生一起探讨计算机的奥秘。

计算机可以做什么呀？计算机是由哪几部分组成的呀？平时我们用计算机学英语、搜索信息时，为什么下了命令它就会听呢？一连串的问题激发了学生的好奇心，他们的小眼睛紧盯着大屏幕，小手举得高高的，与李江璨的妈妈热情地互动着。

李江璨的妈妈讲了计算机的五大组成部分。她说，计算机的各部分就像人的大脑、嘴巴、耳朵、眼睛等器官，并且每一部分都紧密地联系在一起，不可分割。她用通俗易懂的语言把复杂的专业知识讲得简单有趣，不仅能引发学生兴趣，还可以使学生更容易接受。她还精心设计了各种小游戏，与学生互动，现场气氛热烈，学生情绪高涨。李江璨的妈妈以学生喜欢的机器人和游戏为例，为学生演示了计算机的编程过程。她通过精彩的讲解，终于揭开了计算机“无所不能”的秘密。通过听讲解，学生初步接触了编程知识，克服了因计算机语言复杂难懂而产生的畏难心理。

最后李江璨的妈妈还嘱咐学生要科学使用计算机，并合理安排时间。她说，虽然现代生活离不开计算机，它的诞生也让世界发生了翻天覆地的变化，但是小学生一定要合理有效地利用，不要沉湎于网络和游戏，而是努力探索计算机更深层次的奥秘，将来让它为人类和社会做出更多的贡献。

——摘自北京小学翡翠城分校微信公众号信息

摘录3：2018年4月，五年级(2)班家长讲堂：《爱在大凉山，携手共成长》

2018年4月17日，北京小学翡翠城分校五年级(2)班迎来了一位大朋友——张宁轩的爸爸，我们亲切地称他为猫叔叔、猫哥哥。张叔叔今天来的目的是给学生上一节课，让学生了解大凉山地区贫困儿童的生活状况。

大凉山地区有很多失去父母的孤儿，他们住在没有门窗的简陋房子里。冬天的时候，为了取暖，他们会去羊圈里和羊一起取暖。一片菜叶对他们来说也珍贵无比。大山阻挡了他们与外界的交流，崎岖的山路阻挡了他们外出的脚步，他们学习刻苦，但是贫困的生活阻挡了他们梦想的实现。张叔叔组织了很多有爱心的人资助他们上学，帮他们实现自己的梦想。

张叔叔此次来的目的是想让幸福的翡翠娃们懂得，自己的幸福生活来之不易，世界上还有许多在贫困中挣扎的孩子，翡翠娃们应该有一颗向善向上的心，要懂得感恩。

通过这次活动，五年级(2)班的翡翠娃们会和大凉山的贫困孤儿取得联系，并通过传统的书信形式进行交流。许多学生纷纷询问张叔叔，他们想为大凉山的孩子们捐赠物品。我们希望这份爱心能够传递到那里，帮助那里的孩子，让他们努力生活，争取改变贫困的命运。

——摘自北京小学翡翠城分校微信公众号信息

学校充分整合家长资源，让家长走进学校，充当“教师”的角色，形成了多层次、多维度的教育合力，成为学校立体式教育体系的一部分。

（三）以社会专业人士为师

《北京市中小学语文学科教学改进意见》中第十八条指出：“鼓励学校和资源单位合作研发校本课程，走进中小学生社会大课堂实践基地，引进高校及研究机构优质语文教学资源，多渠道补充教育教学资源。”为了丰富学校的课程内容，我们依据翡翠城社区的资源、人口职业情况和学校所处的地域环境在学校和社区之间建立有机联系，将社区人才和资源引入学校，以此促进学校、学生的发展。

翡翠城社区的居民大专及以上学历占51.5%，就其职业来看，单位管理人员占41%，个体经营者占29%，专业技术人员占26%。翡翠城社区的居民育子观念超前，更加关注学生综合素质的提升。翡翠城社区的居民中精英云集，这为我们聘请社会专业人士进校园提供了诸多便利，优良的人力资源开辟了学校课程建设的新格局。

摘录1：以社会专业人士为师，培养教师团队

2018年“五四”青年节之际，泓文博雅艺术馆的教师为大家讲解了榫卯结构的历史以及其中蕴藏的大智慧。榫卯，是中国古代建筑及其他器械的主要构成方式，其特点是不使用钉子，而是利用榫卯加固物件，体现出中国古老的文化和古代人民的智慧。在了解了榫卯结构的知识后，教师们被分成12个组，开始了体验活动——拆装实木鲁班锁和小方凳。鲁班锁易拆难装，但是人们只要明白其中的奥秘，便可以轻而易举地完成拼装。这需要教师仔细观察，认真思考，分析其内部结构。当一个个鲁班锁被成功拼装上时，教师们不由地感叹：这一块块凹凸的木块，凝结了多少智慧！

教师们拼装小方凳时，现场气氛异常热烈。大家争先恐后，都想在最短的时间内完成任务。当然，拼装过程中也是状况频出。拼装小方凳看似简单，但是真正操作起来真不容易，需要耐心地一点点把四个腿调整到合适位置，差一点都无法拼装好。不过，这也是体现团队力量的重要时刻，各组教师齐心协力，很快一组组都完成了任务。

榫卯相扣，承重万钧；互相支撑，相互依存。这一榫一卯、一转一折之间，凝结着中国几千年文化的精髓，闪耀着几千年智慧的光芒。青年教师作为实现中国梦的中坚力量，有责任将这种匠心精神传承下去，做一个有根、有魂的中国青年。

——摘自北京小学翡翠城分校微信公众号信息

摘录2：以社会专业人士为师，指导家长群体

当今社会，伴随着学生学业负担的加重、户外活动的减少、电子设备的广泛应用，等等，青少年视力不良率不断攀升，青少年近视已经成为家庭、学校以及社会面临的严重问题。

为了向家长普及用眼知识，更好地帮助学生养成良好的用眼习惯，科学地预防近视或控制近视的发展，2018年3月28日，我们请来了北京同仁医院眼科中心的董桂霞老师，为学生家长做了一次题为“青少年近视防控”的讲座。

董老师首先对眼球的构造、近视形成的原因和危害进行了简要介绍，然后着重介绍了目前近视眼的各种矫正方法，展示了我们在近视防控认识上的一些误区，并叮嘱道：“近视重在预防，一旦发现学生近视，务必要到正规医院进行检查，听取医生的专业建议。”在近视的防控方面，董老师特别提到了现在的学生用眼时间普遍过长而户外活动过少的问题，她呼吁家长们多带学生到户外亲近大自然，给眼睛以充足的休息和放松。

这次讲座提高了家长们对近视防控、矫正方面的正确认识。很多家长都意犹未尽，会后还把自己的孩子在视力方面存在的问题与董老师进行深入交流。

——摘自北京小学翡翠城分校微信公众号信息

摘录3：以社会专业人士为师，指引学生群体

为了增强学生的法治观念，提高学生的自我保护能力，我们借力大兴区清源派出所，聘请李富晨所长亲自担任学校的法治校长。李校长作为专业人才做了精心的准备，给全体学生上了一堂精彩、生动又深刻的教育课。李校长结合校园和学生的实际情况，对交通安全、校园安全、网络安全等进行了详细的讲解，告诉学生们要学法、知法、守法、用法，养成遵纪守法的好习惯，同时给学生们传授了一些方法和技能，如遇到危险时应如何保护自己，怎样趋利避害等，使全校师生受益匪浅。

——摘自北京小学翡翠城分校微信公众号信息

除了邀请社区周边各行业精英人士入校园开讲外，我们还积极与周边高校建立合作关系，利用高校资源增强课程活力。我们周边有北京印刷学院和北京石油化工学院两所高校，在每周五下午社团活动时间，两所高校的学生都会来我校和我校学生一起活动，这一方面为大学生提供了社会实践的机会，另一方面拓宽了我校学生的视野，增长了他们的见识。北京石油化工学院青年商业社的大学生带来了“我们的世界”“我们的城市”两门课程，给我校学生带来了不同的实践体验。“心欣社”是北京印刷学院经济管理学院的心理类公益社团，该社团的成员经常到我校开展一些主题教育活动，其中“当环保卫士，做时代公民”活动，别开生面，吸引了学生的踊跃参与。大学生们以他们的青春热情和广博知识赢得了我校学生的认可，他们精心设计的活动也使我校学生在欢笑声中学会了知识，提高了独立生活能力。

三、聚合与突破

为了更好地将我校特色课程落实到位，我们努力向内提升、向外整合，尽一切可能提升师资队伍的素养。我校教师经过课程建设的内在提升后，角色发生了诸多改变。

(一)在理念和机制上，教师由“教书匠”变为“研究者”

教师在研究中确立了学生在教育过程中的主体地位，更好地处理了教育与教学目标的关系，尊重学生权利和个性差异，关注学生的情感、体验，增强了行动研究的意识。

（二）在学习空间上，教师成为策划者

在校本课程实施背景下，教师有了学习意识，根据学科特点，利用学校内一切可利用的空间，培养学生的实操技能和社会实践能力。

（三）在教学组织形式上，教师成为合作者

学生是学习的主人，有学习的自主权、选择权、决策权。在教学中，教师成为辅导者和引导者，营造了有利于绿色成长的课堂氛围。

（四）在传授方法上，教师成为促进者

在教授不同的课程时，教师尝试用不同的方式激发学生的学习动机，帮助学生养成了良好的学习习惯。

有了这些内在提升，教师在课程实施中找到了自己的位置，看到了自己的价值，从而以更大的热情和更高的效率推动课程实施。课程是学生自主发展、个性张扬的舞台，我们应该以课程为依托，为学生开辟一条健康成长的绿色通道，使学生快乐地成长，使教师体会到自我价值和职业幸福感。课程不再是完全预定的、不可更改的，课程不再是控制教学行为和学习活动的工具和手段，它有效地弥合了个体与知识之间的裂缝，成为师生追求梦想和价值、获得解放与自由的过程。

第三节　修习方式：选课组合中的交叉平衡

修习方式是指学生参与课程的方式，如哪些课是必须要上的，哪些课是可以自主选择的，哪些课是教师与学生双向选择的。我校在课程实施中非常注重修习方式的搭配组合，确保学生在习得文化知识的基础上，能培养各种兴趣和其他业余爱好。

一、修习的类型及其效果

如表 7-2 所示，我们根据课程内容、师资条件和学生特点，在课程

实施过程中制定了三种修习方式，即必选、自选和双选。学生可以根据自己的兴趣选择课程，全面提高自身素质。学校也可以适时调整课程比例和内容，从而培养多样化人才。

表 7-2　修习课程类型

必选课程	1. 基础类课程	基础类课程主要涉及国家必修课程和地方课程，还包括“绿野仙踪”主题实践课程。
	2. 必选校本课程	
	3. 年级主题课程	
自选课程	学生社团	提前了解课程内容，选择适合自己的课程。
双选课程	1. I 运动俱乐部	学生先做出选择，然后学校团队进行选拔。
	2. 翡翠娃人文社	
	3. 翡翠娃艺术团	
	4. 奥兹科技社	

(一)从学校视角看修习方式

1. 量变

传统的课程设置为每天 6 节课，每节课时长为 40 分钟，一周共计 30 节课。新课时推行后，原来的 6 节课变成 8 节课，每节课时长调整为 30～35 分钟，一周共计 39 节课，校队学生为 40 节课。这样下来课程量便有一个变化。

如表 7-3 所示，学生在长达 6 年的学习中，按新课时能比传统模式多上 2000 多课时的课。这是一个值得深思的数字。苏联心理学家阿良莫夫通过观察实验发现，7～10 岁儿童的注意力保持时间约为 20 分钟，10～12 岁约 25 分钟，12 岁以上约 30 分钟。[①] 因此，30 分钟的课堂能够有效保持学生的注意力，同时减少时间上的浪费。多出的 2000 多课

① ［苏］阿莫纳什维利：《孩子们，你们好！》，朱佩荣译，8 页，北京，教育科学出版社，2005。

时，恰好能被校本课程、双选课程和社团课程利用，极大地丰富了学生的学习内容。

表 7-3　一至六年级课程课时设置

课程	一天课时	一周课时	一年课时	六年课时
传统	6	30	约 1200	约 7200
本校	8	39～40	约 1560～1600	约 9360～9600
增加数量	2	9～10	约 360～400	约 2160～2400

2. 质变

课堂教学目标是指在教学活动中所要达到的预期效果，它堪称课堂教学的中心和灵魂。精减课时后，学生每周都有自习课，在校能够完成相关作业，这样就减少了学生在家学习的时间，减轻了学生负担。由于体育课课时增多了，学生的运动时间也就增加了，每天都能确保运动 1 小时。同时，校本课程课时的增加，还能大幅度地提升学生的实践能力，这也是让家长和学生赞不绝口的举措。

从教师的角度来看，大量的培训造就了教师一专多能的本领，教师从传统的传授式教学桎梏中突破重围，获得了全新的执教体验，角色也从传授者变成了引导者。校本课程呈现的修习方式，加强了教师之间的合作交流，打破了“独木难支，孤掌难鸣”的局面。教师在学习和授课过程中，提高了科研意识和教研能力。

从家长的角度来看，学生所学课程丰富了，与同学之间的关系密切了，家长参与学校活动的次数也增多了，这都是他们乐意见到的。家长对我校的教学质量更放心、更满意了。

(二)从学生视角看修习方式

1. 学生对长短课时的态度

由图 7-4 可知，喜欢 30 分钟课时安排的学生占 87%，不喜欢的仅仅占 1%。有学生感叹：“现在感觉每节课都过得很快，课堂节奏张弛有度，老师讲课不啰嗦了，能够突出重点了，上课我也不犯困了。”不难看出，学生对于教学质量还是有一定要求的，他们也希望教师能在短时间内有效完成教学，从而学到更多的知识和技能。

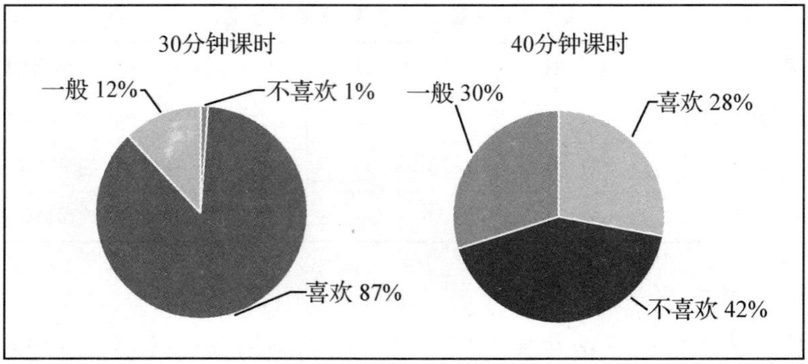

图 7-4　学生对长短课时的态度

2. 学生的习惯养成

学生长期处于短课时的学习状态中，久而久之也会养成不拖沓的习惯。短课时让他们懂得了时间的珍贵，了解了高效做事的好处。学生将在课堂上养成的高效习惯带到日常生活中去，极大地提高了生活质量，这对学生日后事业上的成功也会起到重要的作用。

3. 学生的课堂负担情况

学生在短课时的学习中，学习负担没那么重，因此不会感到疲惫，从而能够比较高效地参与课堂。学生在课堂上合理地利用时间，短时高效地解决问题，从而感受到学习的乐趣。课业负担的减轻为学生腾出了宝贵的时间，他们可以利用闲暇时间尽情享受童年的美好。

二、修习不同类型课程的原则

我们采用的是交叉融合的选课方式，这是对传统修习方式的挑战，也是课程改革过程中的大胆尝试，这样的搭配既能确保国家课程和地方课程的有效实施，落实学生的基础教育，又能紧密围绕学校的办学理念，为学生的个性发展服务。修习方式的多样化导致课程结构的多样性，使学生的学习变得有意义、有趣味，且充满挑战。

(一)必选课程有意义

学校教育要符合国情，要体现国家意志和整个民族的期望。课程是教育的主要途径和手段，国家通过制定课程政策，从宏观上规定课程的理念和取向。我们在课程实施过程中把国家课程、地方课程作为必选课放在突出位置，同时我们还将年级主题课程划归到必选课范畴，这是体现学校特色的创举，也是培养梦想少年的必由之路。

“万丈高楼平地起”，必选课程是学生成长的奠基石，是学生完成义务教育阶段的学业必须要完成的课程。学生是学校课程计划的直接践行者，也是学校课程质量的直接体现者。学生的发展是课程关注的焦点，所以我们在课程实施中首先确定了适合学生发展、夯实学业基础的必选课程。以学校人文类课程中的阅读课为例，为了配合课程的实施，我们开辟了 890 平方米的“书香广场”，并设置固定的 20 分钟的“书香时刻”用于学生读书，此外每学期还举办“读书节”活动，并评选出“小书虫”和“亲子阅读模范家庭”。这一系列措施的推行，让更多的学生爱上了读书，不仅拓宽了视野，而且提高了综合素质。

年级主题课程(即每个年级一个主题)虽然不能涵盖学生成长所必需的所有成长元素，但是我们希望以点带面，通过丰富的德育实践活动促进学生良好品德的养成，培养“快乐生活、勇于探索的梦想少年”。

年级主题课程给教育注入了新的活力，促使教师从单纯的知识传授者转为学生活动的指导者和帮助者。学生在实践活动中不仅能获得知识，还能提高能力。以三年级主题课程“爱的传递——博爱在京城”为例，本次年级主题活动的目的是通过各种体验性的活动，使学生感受“博爱”的含义。活动地点为北京植物园，活动共计五个体验项目：大河之舞、爱的传递、路人的祝福、传递能量和爱的分享。学生们以小组为单位按照任务卡上的要求完成一系列任务。一个个看起来很简单的任务，却需要学生精诚合作才能完成。学生通过这次年级主题活动收获了友谊，也提高了与人交往的能力。

（二）自选课程有趣味

多元的自选课程，满足了学生的个性化差异，体现了因材施教的重要意义。由于先天与后天的原因，学生个体之间总是存在着或多或少的差异，他们在知识经验、能力基础、兴趣爱好、性格特点上都有不同。自选课程的设置，赋予每个学生选择性发展的权利，他们可以从中选取自己擅长的课程来学习，这对他们学习信心的提升是有很大帮助的。自主选课的修习方式还打破了班级、年级的界限，为学生寻找志同道合的朋友提供了平台。

学生通过自选课程可以学到多样化的知识和技能，他们根据自己的兴趣选修不同的课程，这为他们以后的兴趣发展提供了参考。有兴趣做铺垫，学生的学习兴致也会更高。

（三）双选课程有提升

双选课程遵循“基础—提升—展现自我”的模式，最大限度地发展学生的特长。另外，双选课程以学生为主体，把学生置于课程的中心位置，切实提高学生能力，促进其技能的形成。

以翡翠娃艺术团为例，翡翠娃艺术团在建校 11 年间成长迅速，收获颇丰。刚刚成立两年的民乐团参加了大兴区第一、第二届器乐节比赛，在“器乐（葫芦丝）进课堂”和“民乐团演奏”两项比赛中，均获一等奖。管乐团获得了大兴区比赛二等奖，长笛合奏《乘着歌声的翅膀》《魔笛》获得“器乐进课堂”项目的第一名。合唱团参加了大兴区学生合唱节，获得了直属小学赛区合唱比赛一等奖，2014 年还参加了北京市艺术节及新年专场音乐会。双选课程提高了学生的综合素质，开发了学生的潜能，这对他们以后的人生发展是大有裨益的。

第四节　管理方法：课程实施中的多维管理

学校课程管理是指学校根据上级教育行政部门有关基础教育课程的

政策规定，结合本校的实际情况，为实现基础教育培养目标而对国家课程、地方课程和校本课程进行的安排、实施、开发、设计和评价的自主管理活动。[①] 1999 年 6 月，《中共中央 国务院关于深化教育改革，全面推进素质教育的决定》中提出："为保障和促进课程对不同地区、学校、学生的要求，实行国家、地方和学校三级管理。"这一决定将学校对课程的管理正式列入我国新的课程管理体制之内，使学校真正拥有了课程管理自主权。学校课程管理的基本作用体现在以下两个方面：一是保证国家课程、地方课程的有效实施；二是开发校本课程，满足学生需求。[②] 从上述分析我们不难看出，课程管理是课程有效实施的关键和保障。

学校在进行课程管理时要坚持以学生发展为本，充分考虑学生的需求、兴趣和经验，科学设计课程与教学方案，合理组织教学内容，积极推进学习方式的变革，实施发展性评价，为学生全面而主动地发展提供保障。近年来，我校基于精致化管理的教育决策、教育管理、教学行为，尝试用系统思维方式，宏观问题微观化思考，微观问题宏观化处理，从整体出发，宏观把握，微观切入，直奔课程整合实践具体细节。在课程实施中，我们采用了多维管理的方式，直面课程管理难题，将更多的精力放在提升教师专业水平和激发学生的求知欲和探究兴趣上。教师慢慢地从大量布置作业、批改作业的恶性循环中走出来，把更多的精力用在研读课程标准、研究学生、精心备课上，我校的课堂变得更加高效、自主了。

一、课程选择电子化

2014 年 9 月，为了便于学生自主选择社团，我们开发了拓展类课程选课平台。学生可以在家中选择自己喜欢的课程，制定个性化的课程

---

① 金东海：《论三级课程管理体制中的学校课程管理》，载《西北师范大学学报(社会科学版)》，2004(3)。

② 同上。

表。学校则根据社团的报名情况，确定最终的社团数量，这样不仅便于课程管理教师在平台上对学生的表现进行评价，而且便于家长及时看到学生的在校表现。

在管理选课平台的过程中，我们遵照增值性评价原则，注重过程性评价，及时对课程进展进行跟踪和评价。对于学生非常喜爱的拓展类课程，我们逐年进行丰富，并调整课程内容，使之更加贴近学生实际。课程负责人每学期末总结经验，进行交流分享，发现问题及时修正。

课程选择的电子化，充分保障了选课的灵活、有效，使学生掌握了选课的主动权。因为不受时间和地点的限制，所以电子化选课也成为亲子之间交流的重要话题，学生和家长之间可以就课程的选择进行充分的沟通，潜在地完成了一次亲密的亲子互动。电子化选课操作简便，学生亦可独立完成，这样还能锻炼学生的自主操作能力。

二、社团管理自主化

我们坚持以科学的教育发展观为指导，积极探索学校课程管理的新途径，创新教育方式方法，开展了丰富多彩的学生社团活动，充分发挥社团的群体凝聚功能、思想教育功能，推动社团管理的自主化。

(一)教师自主制订社团评价方案

构建多维评价机制，是社团保持旺盛活力并不断发展的重要保障。每学期，社团的指导教师都会根据课程内容制订个性化的评价方案。运动类的课程着重评价学生的技能掌握情况，人文类的课程着重评价学生的知识获取与情感培养情况，科技类的课程着重评价学生的知识应用与方法获得情况。这些评价方案都由任课教师自主研发，并在实践中逐步进行完善。

(二)学生主动参与社团管理

每学年结束时，社团成员可以对指导教师展开评价，并参与到优秀社团、优秀团员的评选活动中去，投出自己的宝贵一票。此外，学校每学期还会组织各种展示交流活动。篮球、足球班级联赛，艺术团汇报演出，科技节活动，美术作品展览，校园电视台、广播站的撰稿征集等丰富多彩的活动，为学生们搭建起了展示自我的平台，提供了锻炼勇气的机会。多维评价机制，体现了师生全方位的参与，对社团向高层次发展起了有力的推动作用。

(三)活动辅导体系多层次化

构建多层次辅导体系能够保证社团质量。第一层次是由社会专业人员对相应社团活动实施辅导。第二层次是由专职任课教师根据自己的特长对社团活动进行辅导。第三层次是由在某一方面有明显优势的队员主动承担团长任务，指导团员开展活动。多层次的社团活动辅导体系，整合了教育力量，促使社团活动健康有序地开展。

三、教师干部扁平化管理模式

我国大多数中小学基本采取传统的金字塔式管理模式。由于管理层次多，战线长，双向信息在传递过程中比较缓慢，且易造成变形或流失，再加上管理重心偏高，有时会脱离实际，所以领导的决策与管理效能可能会受到影响，从而导致决策不准确，学校办学效率低下。为顺应时代要求，高效解决课程实施过程中的问题，我校率先实行了“教师干部扁平化管理”模式，采用了压缩管理层级的方式，建立了以年级为团队的扁平化管理机制。

学校六位中层领导每人负责一个年级，同时根据各年级的需求，将后勤组的教师平均分配到六个年级中，采用“一站式”服务的办法完成年级教学、德育的相关任务。每位中层干部隶属一个年级，相互协调工作，确保工作按时开展，不失真，不拖泥带水。以年级组为单位的自主管理模式是我们建设教师团队、探索扁平化管理的主要渠道和措施。这样的扁平化管理机制对课程实施起到了层层推进的作用，使教师能全面、及时地了解学校课程的开设情况，从而形成了学校课程建设人人参与的良好局面。

表 7-4　北京小学翡翠城分校扁平化管理中“一站式”服务人员安排

姓名	职务	分管工作	对应科室	负责相关年级及主题课程
张文凤	校长	行政、工会等全面工作		
孙岩	德育副校长	统筹南、北校区德育、艺术工作，“绿野仙踪”主题实践课程，北校区家校合作，岗聘等。	小教科、德育研究室、校外办、课外活动计划办公室、文明办、妇幼中心及各新闻媒体	六年级（北校区）
福佩祥	后勤副校长	统筹南、北校区后勤、财物、安全、食堂、体卫、纪检监察、审计工作。 负责北校区后勤管理制度和岗位职责的执行与监控，以及党支部工作。	卫生防疫部门、审计科、政保科、财建科、物业、居委会、派出所、城管勤工俭学服务中心、房修所、装备站等	三年级（北校区）
刘砚春	工会主席	统筹南、北校区工会、信息、党务工作。	信息中心、组宣科、工会、关工委	一年级（北校区）
杨红梅	校长教学助理	统筹南、北校区教学、课程建设、小升初、师训、协作区工作，北校区前勤管理制度、教师考勤和岗位职责的执行与监控。	小教科、资料室、小教研、社教科、师训、社区学院、特教中心、中招办	二年级（北校区）
张杰	办公室主任	北校区职评、办公室、人事、督导评价、对外交流，主抓英语教学工作。	人事科、办公室、督导室、干训	五年级（北校区）
崔海冬	教学副主任	北校区教务、学籍、教学常规及监控，主抓北校区数学教学工作。	小教科、资料室、小教研等	四年级（北校区）
李沁云	大队辅导员	北校区少先队工作、学生常规、学生社团、校外教育（包括课外活动计划、艺术教育）。	少工委、少年宫等	三年级（北校区）

续表

姓名	职务	分管工作	对应科室	负责相关年级及主题课程
侯艳玲	党总支书记	统筹南、北校区党务、科研、职评、岗聘、招生，南校区高部全面工作(南校区前勤管理制度和岗位职责的执行与监控)，主抓南校区(高部、低部)数学教学工作、党支部工作。	科研室、小教科、小教研、小招办、人事科	四年级（南校区高部）
赵佳祺	大队辅导员	统筹南、北校区少先队工作、团支部，南校区(高部、低部)德育工作、家校合作、学生常规、学生社团、校外教育(包括课外活动计划、艺术教育)等。	少工委、团委、小教科、德育研究室、少工委、居委会及各宣传媒体等	六年级（南校区高部）
齐向春	副校长	统筹南、北校区家校合作工作、道德学科教学，南校区低部全面工作，南校区工会、宣传、考核等。	小教科、德育研究室、少工委、信息中心、居委会及各宣传媒体等	一年级（南校区低部）
刘宝弟	后勤主任	负责南、北校区政府采购，南校区(高部、低部)后勤、办公室工作，南校区(高部、低部)后勤管理制度和岗位职责的执行与监控。	财政局、物业等	三年级（南校区高部）
王锐锋	教学副主任	南校区(高部、低部)教务、学籍、教学常规及监控，主抓南校区(高部、低部)语文教学工作。	小教科、资料室、小教研等	五年级（南校区高部）

四、课程评价管理分层化

课程评价是监测课程实施质量、保证课程实施效果的重要措施。为了保证我校课程体系优质、高效地落地实践，我们从教师授课和学生学习两个层面开展了学校的课程评价管理工作。简单来讲，课程评价管理工作主要包括以下内容：

第一，针对教师的授课情况展开评价。教导处及教研组通过听课、校级三杯赛(翡翠杯、绿之杯、蓝之杯)、作业分享交流、调查访问等形式对教师的授课情况进行评价，以学生的实际接受效果作为评价的基本准则。

第二，针对学生的学习效果展开评价。对于校本课程的考核，我们不采用书面考试的方式，而是对学生进行发展性评价，首先看学生在学习过程中的态度，其次看学生的学习成果。对于学生的学习成果，我们主要通过实践操作、作品鉴定、竞赛、翡翠勋章评比、汇报交流演出等形式展开评价。

五、课程教学管理常态化

为了挖掘学生的潜能，促进学生绿色成长，我们因材施教，从学生的个性化需求出发来建构课程。经过长期的探索，我校建构了一套具有鲜明“翡翠城”文化特色的课堂体系。课程管理也由临时性举措转为内化于心的常态化管理。我们主要从以下几个方面实施课程管理：

第一，任课教师通过电子备课平台认真备好每一节课，按步骤实施，教导处随时推门听课，随时进行评价。

第二，教师必须有教学计划，有教学设计，有学生评价和课堂反思。

第三，教师应按照学校整体教学计划的要求，完成规定的课时，并达成教学目标。

第四，教师要及时保存学生的作品和资料。

第五，教师每周都要参与校本教研组研讨会，解决存在的问题，分享有效的经验。

我校的课程教学管理力图达到以下目标：

第一，完善“绿色成长教育”课程体系，塑造绿色课堂文化，推出绿色课堂教学模式，提升课堂教学质量。

第二，围绕“绿色课堂”标准，聚焦学生核心素养，积极推进课堂教学，建构高质量的课程体系，创建特色课程。

第三，以“自主、本真、互动、生长”的课堂文化为引领，注重常态课，关注研究课，完善课堂教学评价标准，凸显“绿色课堂”特色。

第四，注重学生发展质量，提高学生的学习能力和综合素质。

第五，强化教学创新与常规管理机制，严格日常管理，切实提高课堂教学的有效性，稳步提升教学质量。

我校课程体系的落地实施是每一个“翡翠城人”的梦想。我们在前进的道路上不断探索，逐步厘清革新的方向。在这之前，一切都是悄然萌动，在这之后，一切都在悄然蜕变。我校课程体系的落地是一次充满机遇和挑战的“教育旅行”，我们仍在探索课程特色的路上不断前行。

第八章

评价驱动：课程评价体系建设

人类的一切活动都是为了发现价值、创造价值和实现价值，而评价就是发现价值、揭示价值的一种基本方法。评价不能创造价值，但评价可以揭示价值的存在，使人们意识到价值的存在，是价值实现的重要途径。[①] 由此可见，评价对于人们认识价值和实现价值具有重要的作用。在课程领域，课程评价就是帮助人们认识课程价值和实现课程价值的有力工具。一般来讲，课程评价指的是研究课程的某些方面或全部优缺点和价值的过程，课程可以包括教育经验的设计、需要、过程、材料、目标、环境、政策、各类支持措施以及结果。[②] 课程的质量是衡量一所学校教育工作质量的标准，也是提高学校教育工作水平的关键要素。课程评价也因此成为教育评价的重要领域之一，是每一位教师都必须实际操作的一项重要内容。

《基础教育课程改革纲要(试行)》中明确指出，要建立促进学生全面发展、教师不断提高和课程不断发展的评价体系。有效的课程评价是一个结合多方意见，共同对课程的优势和存在的问题进行反思的过程。在学校教育中，学生、教师和课堂教学是最重要的内容。因此，课程评价活动的开展也需要结合学生、教师和课堂教学进行。

在本章，我们将对我校课程评价的基本原则、主体、实施层级、体系设计和激励机制等进行梳理，以此总结我校的课程评价工作，并为其他学校的课程评价工作提供经验借鉴。至于教师评价、课程管理评价等方面，由于我校的探索才刚刚开始，思考不够深入，本章暂时从略。

第一节　课程评价的基本原则与主体

从实践层面来讲，要想得到有效的课程评价，我们需要首先回答

① 冯平：《评价论》，35 页，北京，东方出版社，1995。

② Sanders J. R. , “Curriculum Evaluation Research,” in *The International Encyclopedia of Curriculum*, New York, Pergamon, 1991, p. 409.

“怎么评”和“谁来评”的问题。“怎么评”涉及课程评价工作的基本出发点，决定了课程评价和课程改进的方向，对整体评价方案的设计有指导性作用。“谁来评”涉及课程评价工作的参与主体，在一定程度上反映了课程和课程评价为谁服务的问题。清晰回答“谁来评”的问题，关系到课程的发展方向，在课程评价中具有重要作用。

一、课程评价的基本原则

我们应从合法性和有效性两个方面判断评价活动的价值，合法性代表着实质价值，体现为教育性；有效性代表着形式价值，体现为科学性。因此，在制定课程评价标准时，我们也要遵循教育性和科学性的标准，使课程评价工作的开展能够以科学的理论为指导，以科学的方法为工具，切实服务于师生和教育教学的发展。此外，课程评价最终要落到实处，需要在教育教学过程中实际执行，因此，我们在制定课程评价的基本标准，设计课程评价的基本方案时，也需要遵循另外一个重要原则——实践性原则，即保证标准和方案切实可行。

从国家的教育方针和“绿色成长教育”的办学理念出发，以教育性、科学性和实践性为目标，我们初步确定了包括生命导向、科学导向、实践导向在内的三个课程评价原则。

(一)生命导向

所谓生命导向，是指追求一种有机的、成长的、自然的价值。人类最宝贵的财富是生命。从某种意义上来说，教育是一项直面生命和提高生命价值的事业。在教育中，学生的成长是最有价值的。为此我们在进行评价时要做到心中有人，处处从发展、成长的角度去关注人。小学生正处于成长最快、最富有学习可能，也是最需要学习的重要时期。我们要追求生命导向，使课程焕发出生命活力，从而更好地促进学生健康成长、主动发展。

（二）科学导向

所谓科学导向，是指符合客观现实和主体规律的导向。使学习者获得身心发展是教育的归宿，也是课程评价的着眼点。课程评价要关注学生的需要、兴趣、身心发展特点及规律。学生的身心发展特点和规律决定了其对课程与教学内容的接受程度。因此，在进行课程评价时，我们要关注学生的最近发展区、年龄特征、心理条件和经验条件，尤其关注他们身心发展的阶段性、顺序性和整体性。

（三）实践导向

实践导向体现的是评价的可操作性、师生的参与性和评价结果的可使用性。课程评价是一项需要切实落实的工作。在制定课程评价标准和课程评价方案以及实施课程评价的过程中，我们可能会面临多种问题。因此，在组织课程评价工作时，我们需要考虑各种可能存在的问题，保证课程评价标准能够切实可行，具有可操作性。课程评价又是一个多元互动的过程，学生和教师分别是课程的学习者和传授者或者带领者，他们都是课程的使用者。他们对于课程是否满意是评价课程质量优劣的重要标准。在课程评价过程中，我们要充分调动师生参与的积极性，收集师生对课程的使用感受和评价，从而使课程内容更能满足师生的实际需求。最重要的是，课程评价并不是为了评价而评价，通过评价发现课程中存在的问题，并以此为依据不断调整、完善课程才是最终目的。因此，在课程评价工作中，我们还应该考虑评价结果的可使用性，在评价的基础上形成切实可行的课程改进建议，促进课程的不断发展和完善。

二、课程评价的主体

长期以来，我国的课程评价中存在着评价主体单一的问题，评价主体由上而下依次是政府部门评价学校，学校评价教师，教师评价学生，学生被排斥在评价主体之外，成为被评价对象。[①] 通常情况下，课程评价工作以专家评价的方式进行。由各类专家组成的评价团队虽然能够对课程进行专业化、系统化的评价，并能够提供理论化的改进建议，但专家的评价只能代表专家一方的意见，不能代表课程参与者和受到课程影响的他人的意见，然而他们才是课程体验者，因此他们的意见是构成精确评价必不可少的因素。[②]

图 8-1　数学课堂

随着社会和家长对教育要求的提高，课程评价主体从一元化到多元化的转变逐渐为教育研究者和教育工作者所接受和认同。根据钟启泉和李雁冰[③]的观点，课程评价主体上不仅包括专职的评价机构、教育决策机构，而且还包括教师、学校管理人员、学生家长、学生群体和个体以及学校内外的其他有关人员。

① 王传兵、仇奔波：《素质教育课程评价体系的构建》，载《教育探索》，2003(6)。
② 易森林、袁桂林：《试论课程评价多元化趋势》，载《外国教育研究》，2001(1)。
③ 钟启泉、李雁冰：《课程设计基础》，19页，济南，山东教育出版社，2000。

在我校的“绿色成长”课程评价体系中，我们积极倡导评价主体的多元化，突出学校师生在课程评价中的主体地位，并根据课程的特点和评价的实际需求，收集其他课程参与者的意见，力求使我校的课程评价全面而有效。

（一）学生

《基础教育课程改革纲要（试行）》中明确指出，要建立促进学生全面发展的评价体系，发挥评价的教育功能，促进学生在原有水平上的发展。学生是学习活动的主体，也是课程评价最主要的受益群体，因此理所当然应成为课程评价的主体。让学生参与评价，可以增强学生学习的主观能动性，培养学生的自主意识和独立性，并为整个评价提供有价值的资料和信息。

为提高学生的自主管理、自主教育能力和水平，学校开展了《小主人公约》《翡翠娃公约》征集活动。这里的“公约”就是指我们在践行社会主义核心价值观的过程中所遵守的共同的约定，其中《小主人公约》为班级层面，《翡翠娃公约》为学校层面。“公约”的制定和出台完全出自学生，学生根据自己对社会主义核心价值观的理解和认识，提出小学生践行社会主义核心价值观的具体做法，如要主动和教师、同学问好，自己的作业自己完成，等等。每个人提出自己的想法，再由小干部进行汇总、提炼，形成班级《小主人公约》，大队委再将各班的《小主人公约》进行总结、梳理，形成学校的《翡翠娃公约》，这些“公约”将社会主义核心价值观与学生的学习和生活紧密联系起来。

在此基础上，学校开展了“我和自己有个约定”的活动。各班召开“我和自己有个约定”主题班会，学生结合《小主人公约》，找到自己的不足之处，以此作为自己接下来努力的目标和方向，书写“我和自己有个约定”承诺书，并在一段时间内进行自我监督和自我改进，帮助自己进步。

我和自己有个约定

班级：　　　　　　　　　姓名：

序号	约定内容	自我评价	同伴评价
1		☆☆☆☆☆	☆☆☆☆☆
			☆☆☆☆☆
2		☆☆☆☆☆	☆☆☆☆☆
			☆☆☆☆☆
3		☆☆☆☆☆	☆☆☆☆☆
			☆☆☆☆☆
4		☆☆☆☆☆	☆☆☆☆☆
			☆☆☆☆☆
5		☆☆☆☆☆	☆☆☆☆☆
			☆☆☆☆☆

图 8-2　班级个性化自主评价图例

《小主人公约》挂在墙上，也刻在学生心中，落实在他们的一言一行之中，它对学生良好行为的养成起到了积极的促进作用。有的教师还将这种评价方式延伸到家庭中，如让学生对家庭作业、家务劳动等方面进行自我评价，等等，得到了家长们的认可。

(二)教师

教师既是课程的参与者，也是课程最理想的评价者。无论在何种类型的评价模式中，教师都扮演了非常重要的角色，而且所起的作用越来越重要。随着教育改革的不断深化，教育评价模式发生了质的转变：从简单的纸笔测验转为对学生表现的观察，从单一考查学生对知识的记忆情况转为侧重考查学生的问题意识、解决问题的能力以及创新能力，从重视传统的语言智能和数理逻辑智能的评价转为关注学生不同智能发展的评价，从对知识与能力的考查转为对认知、能力、情感、态度、价值观等方面的综合考查。总之，我们始终引导教师要进行动态的、多维的、全面的评价，要使自己的评价符合人性化、理性化的原则。

图 8-3　跳蚤市场

在绿色质量关的导引下，学校先后设定了“健康小达人”“星级小书虫”“书写小明星”“环保小卫士”“翡翠之星”等多维的绿色评价指标和评价项目，对学生进行多元化评价。一方面，这些评价指标和评价项目提高了学生学习和参与活动的积极性，促进了学习和活动效果的提升；另一方面教师通过制定评价标准、参与评价，也增加了对学生的了解，从而根据学生的个性化发展需求，做到因材施教。

(三)其他主体

随着社会的进步和教育的发展，人们对教育也投入了越来越多的关注。从某种意义上讲，课程与教学的影响几乎成为教育产生影响的核心要素。因此，凡是受到教育影响的人都应该参与到课程与教学的评价工作中去，也都应该参与部分教育决策。学生家长、社区人员、校外顾问等提出的意见或建议，也都应该受到重视。

多元的评价主体，由于其背景、思维角度和思维层次不同，所提供的评价信息也是多样的，但每种评价信息都会对学生的全面发展起到促进作用。因此，学校的课程评价主体不仅包括学校管理者、教师、学生，还包括学生家长以及参与到学生活动中的校外人员、课程专家等。

专门评价者或者专业评价者指课程或教学的专业设计者或专业评价机构的专业评价人员，他们是评价工作队伍中的主力，是课程开发、教学设计和工作实施的必要支持者。他们往往从旁观者的角度收集相关的资料和信息，进行评价时也会尽可能少地夹带自己的价值观，因此，他们做出的判断更为真实和客观。

通过让多元主体对课程进行评价，我校收集了大量的课程改进意见与建议，并据此对课程进行调整和改善，促进了课程质量的不断提高。

第二节　课程评价的实施层级与体系设计

要想使课程评价最终落到实处，学校一方面需要制定明确的课程评价组织实施体系，明晰实施体系中不同参与者的职责，保证课程评价工作有条不紊地进行；另一方面也需要明确课程评价体系，通过课程评价内容指引教学方向，引导学生发展。在长期的实践中，我校确立了学校、年级和班级三级课程评价组织实施体系，也探索出了符合学校实际需要的课程评价体系。本节内容就是对我校课程评价的实施层级和体系设计的详细介绍。

一、课程评价的实施层级

(一)学校统一评价方向

评价方向影响着学校以及教师的教学策略。因此，学校应统一评价方向。

日本著名的教育家池田大作有一句至理名言："樱花有樱花的美，梅花有梅花的香，桃花有桃花的色彩，梨花有梨花的风味。百花争艳，才会有花园的美丽。"学生也是一样，彼此各不相同，各有特点，在不同的方面都存在一定的差异，他们共同构成了多姿多彩的校园。综合素质评价的目标就是要实现各美其美，百花齐放，让每一个学生都能在评价过程中找到自己的闪光点和生长点。我们鼓励教师采取“增值性”评价方式，用多样化的评价标准和评价方式，力争使每一个学生都能在评价中获得自信，找到进步的方向。

为使全校在评价方向上保持一致，我们将集体评价、小组评价和个人评价结合在一起，一方面通过小干部值勤检查每两周对各班级评价一次；另一方面以班级为单位，评选海棠奖章、银杏奖章和翡翠勋章。其中，海棠奖章是通过小组评价获得的，每周的优胜小组成员每人得到一枚海棠奖章；银杏奖章是通过个人评价获得的，每周在班级评价中获得优胜的20％的学生可获得银杏奖章，海棠奖章和银杏奖章不兼得。学校统一定制了海棠印章和银杏印章，并给每个学生发一张“我的成长树”，让他们通过自己的努力，使成长树开满海棠花，长满银杏叶。每月获得奖章最多的前15％的学生可获得由学校统一颁发的翡翠勋章。

统一的评价方式大大提高了学生学习的积极性，为了获得翡翠勋章，他们学习更努力了。

（二）年级统一评价标准

各年级制定统一的评价标准，并依此评选出海棠印章和银杏印章的获得者。统一的评价标准有助于学生养成良好的行为习惯，既能凸显学生的年龄特点，又能使学生在不同的课堂中得到一致的评价。

例如，中年级的教师将好习惯化成一个个象征不同含义的翡翠币，并以翡翠币评价学生。学生在不断地积累和兑换翡翠币的过程中收获了好习惯、好成绩、好身体。

又如，高年级的教师通过小组合作的形式，让学生互相评价，共同成长。这些评价符合学生的年龄特点。在实际工作中，教师把各种鲜活的日常评价和《绿色成长评价手册》相结合，从而让枯燥的评价“活”起来，避免了“两层皮”，增强了评价效果。

（三）班级评价凸显个性

我们在实施年级统一评价标准的基础上也要突出班级评价标准的个

性化实施。每个班级根据自己班级的情况，由本班学生共同制定“班级公约”，并增加一些有特色的评价项目，同时也可以对评价方式有所调整。比如，在翡翠勋章的评价中，班主任教师可以根据班级情况设置评价内容，有的班级鼓励劳动，有的班级鼓励助人，等等。同时各班可以根据不同的情况设置奖励活动，如用翡翠勋章兑换小组活动、班级活动等，从而激发学生参与评价的热情。

在班级评价的过程中，我们还要充分体现评价的互动性，既有师生之间的互动、生生之间的互动，同时还有教师和家长之间的以及家长和学生之间的互动。例如，有的班级在实施评价过程中把教师、学生、同伴与家长作为参与者，共同关注学生的成长。在评价“伙伴眼中的我”这一项时，学生可以找一名与自己曾产生过矛盾的同学，互相说说彼此的优点，这样有利于化解矛盾，增进友谊，使学生从不同角度了解自己，了解同伴。

在开展评价的过程中，各班级已经积累了不少富有班级特色的做法，如孙健权老师的“成长储蓄站”。“成长储蓄站”，顾名思义就是通过一天天的努力，为成长积累力量。它是以小组化学习的方式展开的活动。教师将学生分为五个小组，由组内学生自己选出组长，并自行商量决定小组的名字、口号以及标志。组内成员进行细化分工，并以小组的形式轮流值日并承担班内的其他任务，然后由班级专职同学负责检查和量化。在第二天晨检时，组织委员进行总结并发放“成长值”。通过对比组与组之间的成长值，教师就可以知道这一个月内各组的表现如何。不同的成长值由各种颜色的方形纸片代表，学生集齐 10 个同种颜色的成长值之后，再次获得成长值时，成长值就会变成下一阶段的颜色。比如，这周从深蓝色开始，有小组集满 10 个深蓝色成长值之后，当他们再获得成长值时，就会得到浅绿色纸片，而未达到 10 个成长值的小组，就不能“升级”颜色，得到的依旧是深蓝色纸片，一个月一结算。对于胜出的小组，教师会进行表扬，并给予奖励。比如，由教师和他们一起进行一次实践活动。当月没有胜出的小组也无须气馁，因为每个结算月中计算的是“增加值”，所以每个小组在新的月份中都是站在同一起跑线上的。而在学期末的大总结中，教师就要根据“成长值”的总数进行评选了，获得成长值最大的小组就是这学期的胜出小组。

又如，张建颖老师的“幸福教室”。在这间幸福教室里，学生被分为六个“奋斗团结号”小组，每天考核员将从晨读时光、两操表现、作业情况、卫生状况、课程表现和班级贡献六个方面对各小组进行评价。考核员由班级小干部担任或由相关任课教师推荐。每天放学前，教师对各小组一天的表现进行总结，并按照评价星级指数，对当天最高星级小组给予“两枚印章奖励”，对位居第二名的小组给予“一枚印章奖励”。各组组长自行将印章记录在《小组成长足迹手册》中，每周五教师评选出小组“印章总冠军”并奖励一枚海棠印章，每个月月底时评选出获得海棠印章最多的小组。这样，该小组就可以进行奖励性小组体验活动了。

二、课程评价的体系设计

我们主要围绕学校开展的课程设计课程评价体系。在课程评价中，我们摆脱传统评价中的过分强调分数的做法，即不以绝对的分数论英雄，而是将重心放在对学生发展潜能的评价上。在主干学科课程评价方面，学校也力图探索多样化的评价方式，使学科评价不再是学生的负担，而是通过评价，为学生提供展示自我、认识自我的平台。在校本课程评价方面，学校则采取了更为丰富多彩的评价方式，根据不同课程、不同校区的实际情况，制定符合课程和校区需要的评价方式，让学生在评价中提升对课程的兴趣，享受学习的成果和快乐。

(一)绿色课堂，绿色评价

学校在建校初期就指出，我们要提升学生的综合素质，不将学业成绩作为评价学生的唯一标准，不将学生的学业成绩纳入教师的考核评价体系中。对于学生，我们采取“增值性评价”方法，杜绝学生之间的横向比较，倡导学生自己跟自己比，让每一个学生都能够在一次次的评价过程中，找到自信，看到进步，找到自己的增长点，从而确定自己努力的目标，通过评价促使学生健康、快乐地成长。

我校把更多的精力放在抓教师专业水平的提升上，充分放手，解放课堂，保护学生的求知欲和探究兴趣。只有从传统评价的樊笼中解脱出来，我们才可能为师生创造出真正的绿色成长空间。教师慢慢地从大量布置作业、批改作业的恶性循环中走出来，把精力更多地用在研读课程标准、研究学生、精心备课上，从而使课堂更加高效、自主。

在绿色质量关的导引下，我们从学生的角度出发，制定了“绿色课堂评价表”，并以此引领教师关注学生的实际获得，关注学生的自主探究能力和实践能力，关注学生的健康成长，关注学生作为一个独立的人所应享有的尊严。

(二)学科实践，深度评价

在绿色质量关的导引下，我们相继设定了多维的绿色评价指标和评价项目，如“健康小达人”“星级小书虫”“书写小明星”“环保小卫士”“翡翠之星”等。同时，我们积极探索符合“绿色成长教育”理念的多样化的评价方式。每学期期末考试的前一周是学生们最开心、最期盼的日子。各学科教研组都会量身定制丰富多彩的能力测试项目，如音乐的才艺展示、语文的课外阅读分享、数学的手抄报展示、综合实践的跳蚤市场等。例如，音乐学科每学期都会利用上课时间举办期中和期末两场音乐会，全校全员参与。学生会精心准备演出节目，或进行个人展示，或进行小组展示，或演奏乐器，或载歌载舞，形式丰富多样，深受学生喜爱。学生在展示精彩的同时，互相学习，互相欣赏，互相评价。这些测试项目很多都已经发展成为学校的品牌活动。在《绿色成长评价手册》中，我们在对学业成绩评价的基础上，增加了对学科实践能力的评价，从而引导教师不仅关注学生对知识的学习，更要突出对学生能力的培养。

(三)多维课程，多元评价

在“绿色成长教育”理念的引领下，我们关注每一个学生的全面发展、个性发展。为了满足学生的发展需求，我们开展了丰富多彩的课程，采用了丰富多彩的评价方式。

阅读、钢琴、舞韵、实验梦工厂、拆着玩儿、篮球、足球、茶艺等特色校本课，都是有固定课时的必选课。两个校区的课程由于学校场地、环境、师资等实际情况不同而略有差异。例如，北校区一、二年级学习钢琴和舞韵，三年级学拆着玩儿，四年级学实验梦工厂，篮球和足球分别融入五、六年级的体育课中，每周一节。这样可以让每一个学生在六年中都能学习到钢琴、舞韵、拆着玩儿、实验梦工厂、篮球、足球六门课程。南校区与北校区的不同点在于一、二年级学习葫芦丝和琵琶，三、四年级学习茶艺和实验梦工厂，但同样可以学习六门课程。

学生社团活动是隔周周五下午开展的，二至六年级全员参与的，打破年级、班级界限，完全根据学生兴趣爱好自主申报、自主管理的团队活动。社团活动内容丰富，包括摄影、插画、国画、十字绣、衍纸、音乐剧、电影音乐欣赏、表演等。学生可以为自己的社团取名，设计 logo（徽标），有的社团还建立了社团博客。2018 年，学校开通了网上选课系统，实现了网上选课、网上管理。对于活动计划、记录、考勤等，我们都可以在网上进行操作和共享。

学校的“班本”课程源于 2014 年 4 月课外活动计划的实施。为了充分利用校外教育资源，进一步实施体育、艺术“2＋1 项目”工程，我们以年级或班级为单位，由师生共同讨论确定“班本”课程主题，并由校外机构按要求开设特色课程，形成一班一才艺、一班一特色。

翡翠娃艺术团的创立主要是为了发展学生的艺术特长，为有特长的学生提供更广阔的展示舞台。学校自 2008 年建校起就成立了舞蹈团、合唱团，并逐年丰富社团内容，至今已有舞蹈、合唱、管乐、民乐、健美操、曲艺、书画等多个分团。学校艺术团及各个分团都制定了明确、规范的活动章程和管理制度，每个分团都有固定的团员、辅导教师、排练时间和场地，其中舞蹈团、合唱团已实现三级梯队，管乐团、民乐团有二级梯队，全团共有 500 多名学生，约占全校学生总数的 50％。各分团发展态势良好，活动效果显著。舞蹈团、合唱团、管乐团都曾被评为大兴区优秀艺术社团，并多次在市区级比赛中获奖。

图 8-4　管乐团被评为大兴区优秀艺术社团

图 8-5　舞蹈团被评为大兴区优秀艺术社团

图 8-6　合唱团被评为大兴区优秀艺术社团

多维课程体系使艺术教育实现了课内与课外相结合、普及与提高相结合，人人有项目、人人有特长的教育目标。这些内容也都会被记录在《绿色成长评价手册》中。我们的课程是丰富多彩的，并且很多课程是学生可以自主选择的。例如，有的学生在一、二年级时学绘画和折纸，三年级时可以根据自己的兴趣去学习衍纸或者装饰画等，这样他们能不断学到"新本领"。因此，在个性发展一栏，我们不仅需要学生填写自己的爱好、特长，还增加了"我的新本领"一项，让他们在坚持自己特长的基础上，能更广泛地涉猎其他领域，从而促进了学生的全面成长。

第三节　课程评价的激励机制

在本章的开篇部分我们提到，评价可以帮助人们认识价值和实现价值，而要保证评价能够起到帮助人们认识价值和实现价值的作用，人们则需要在评价过程中合理地设置评价之后的激励机制，引导被评价者向期望的方向发展。激励问题是组织管理理论中的经典命题，它要解决的核心问题是"激励相容"。所谓激励相容，是指给予代理人一定的激励，使他愿意将私有信息和大家分享，或者不采取隐蔽行为，使得委托人与代理人的利益和目标一致。[①] 简单来讲，所谓激励相容，就是指所设计的激励机制能够引导被激励者朝着激励提供者期望的方向发展。课程评价中同样存在激励相容的问题，即如何设计课程评价之后的激励机制，引导学生朝着学校期望的方向发展。本节主要介绍我校在课程评价激励机制的设计方面的实践以及取得的成效。

一、课程评价激励机制的设计

在最初的课程评价激励机制的设计中，我们采取了和大多数学校类似的措施，即对表现优异的学生给予各种物质激励。然而，实践证明，以奖品、奖状等形式对学生进行奖励，并不能真正触动学生的内心，不能产生促使学生进步的持久动力。也就是说，以物质为主的激励措施，并没有达到“激励相容”的目标，无法使学生主动朝着学校期望的培养目标努力。根据“绿色成长教育”的办学理念，我们在评价学生时应该关注学生的未来，并为学生的可持续发展创造机会，因此激励措施也应该围绕这个目标来进行。也就是说，我们所采取的激励措施不仅应该能够引导学生，激发学生的积极性，而且激励措施本身也应该具有教育功能，成为培养学生能力的手段。为了使奖励更加符合学生心意，触动他们的心灵，我们对全校学生进行了问卷调查，并根据日常观察和问卷调查中所发现的学生对各项活动和荣誉的偏好，改变了奖励方式，构建了从班级到学校的不同层级的，针对学生个体、小组和班级的荣誉体系，并给获得荣誉的学生、小组或班级提供体验性学习的奖励，以丰富多彩的活动去吸引学生，将奖励的过程变为教育的过程。具体来说，我们构建的课程评价激励体系既包括针对学生小组和个人的海棠奖章、银杏奖章、翡翠勋章以及体验性奖励，也包括校级层面的“翡翠之星”和“优秀班集体”评选。

---

① 周雪光：《组织社会学十讲》，49页，北京，社会科学文献出版社，2003。

二、课程评价激励机制的成效

对于前文所述的各种激励措施，我们会根据每学期的不同情况，进行调整或补充，从而使激励措施更加符合学校教育教学发展的实际需要。课程评价激励机制的设计，使学生在参与评价的过程中都有所收获。更重要的是以体验为奖励的方式大大激发了学生的参与热情，使评价真正起到了提高学生的学习热情、促进他们更好地学习的作用，在整个校园中营造出积极的学习氛围。整体而言，在评价推进过程中，我们形成了“主动发展、快乐交往”的学生文化，学生不再局限于课本学习，他们拥有了更宽泛的学习空间，全面提高了素质。我们也将进一步探索有效评价以及评价结果的使用方式，更好地实现评价的可持续性，促进每一个学生的绿色成长。

以下是我们筛选的部分学生表达的对学校课程评价的感受，以便从学生的角度，给予大家有关我们课程评价工作成效的直观体验。

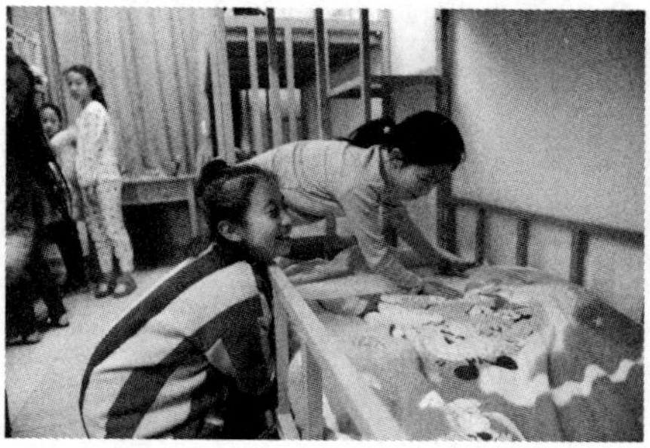

图 8-7　翡翠勋章奖励：住宿体验

图 8-8　翡翠勋章奖励：包饺子

（一）对翡翠勋章的感受

大队委张率真同学描述了获得翡翠勋章给自己带来的影响，也分享了翡翠勋章这一奖项的设计给周围同学的正向引导作用。他说：“自从有了翡翠勋章以后，我更加严格地要求自己了。平时，我努力做好自己的事情，并且利用课余时间积极去帮助同学。每到月底进行翡翠勋章评选时，我心里既期待又紧张，我渴望从大家的选票中看到自己的名字，希望自己能拿到那枚珍贵的勋章。每次评选完毕后，大家都会对被评选上的同学投以羡慕的眼神。翡翠勋章让班里很多同学有了明显的进步。我们班有几个同学，以前上课总爱开小差，下课就追跑打闹，弄得教室乌烟瘴气的。为了获得翡翠勋章，他们不再像以前那样了，现在变得喜欢学习了。我们班的赵元庸就是一个很好的例子，自从有了翡翠勋章这个奖项，他总是努力学习，虽然现在在班里的表现依然不是最好的，但我们班的同学都能看见他的进步，不少科任教师也经常夸他，说他进步很大。他的进步大家有目共睹。”

五年级(8)班的张博豪同学则分享了获得翡翠勋章后的心理感受，以及翡翠勋章对自己产生的影响。他的分享如下：

晴朗的夜晚，天空中有数不尽的星星，那璀璨的星光好像是在我获得翡翠勋章后，同学们投来的羡慕的目光一样。也许你还不知道翡翠勋章是什么，但它在我们翡翠娃的心里是最高的荣誉，是对我们取得优秀的学习成绩、拥有良好的道德品质的最高奖赏。争得翡翠勋章是每个学生心中最大的愿望，能够得到翡翠勋章则是教师对我们学习成绩与道德品质的肯定与鼓励。

想得到翡翠勋章，我们首先要树立正确的学习态度，课上认真听讲，积极回答问题，课后认真复习，按时完成作业，养成良好的学习习惯。同学之间也要团结友爱，互相帮助。我喜欢学习，因为不断地学习能让我思维更加敏捷，从而摸索出适合自己的学习方法。有着丰富爱好的我还喜欢在空余时间看书和听音乐，既能缓解学习压力，又能学到课本上学不到的知识，开拓自己的眼界。老师和同学都很喜欢我，同学更愿意跟我一起讨论课外知识。我有着强烈的集体荣誉感，踊跃参加学校的各类社团活动，当我们民乐团在比赛中获得第一名时，我感到无比自豪。虽然我曾多次获得翡翠勋章，但我清醒地认识到自己存在的不足之处，我要努力把字写好，改掉粗心大意的毛病，不断完善自己。

(二)对体验性奖励的感受

以寄宿体验为例，四年级(2)班的姜博约同学回忆了这样一个感人的故事：“还记得三年级下学期，班里五名同学参加了只有集齐四枚翡翠勋章才可以兑换的住宿体验活动。他们回来时，所有同学问这问那。班长首先发话了：‘你们不知道，这次可精彩了。我们不但没有早早上床睡觉，还一起玩到了晚上11点呢。真是太激动了！’班长眉飞色舞地说着，体育委员也按捺不住了，赶紧插话说：‘我们晚上一起动手包饺子，可好吃了！’他们的讲述让我想起了阶梯教室对面那面有关住宿体验的照片墙，参加体验的同学们一个个面带微笑，有的同学在包饺子，有的同学在做游戏，有的同学在照相……一个个开心极了。这时，我发自内心地想：‘既然他们可以获得翡翠勋章，我也可以。’从此，我把获得翡翠勋章作为目标，砥砺奋进，勇往直前。”

第九章

总结展望：课程建设的追求与未来

“绿色成长”课程体系是我校全体师生自学校成立之初就开始不断探索与实践的成果。我们紧密结合学校的办学理念和办学特色，在开发与实施课程体系过程中始终注重师生的参与性，始终将满足学生的成长与发展需求作为课程研发的基本原则。目前，我们在课程建设方面已经取得了不错的成绩，受到了全校师生和社会各界的高度认可。可以说，我校的课程建设工作在总体上是令人满意的，是与学校整体发展相契合的，对此，我们需要进行深刻的总结与分析。当然，在迈入新时代之际，我校的课程建设工作仍然面临诸多挑战和机遇，我们要抓住机遇，做足准备，迎接挑战。

第一节　经验总结：逻辑强化、时空拓展及资源整合

我校的课程建设工作之所以能够取得一些成绩，总结起来，最重要的一点就是始终致力于课程质量建设。所谓课程质量，是指课程在设置、实施和评价等实践活动中体现出来的一种达到设计者的预期目标、满足社会期望、反映学校教与学的内容以及进程的状态。一般来说，课程质量主要包括静态的课程质量(课程计划、课程标准与课程内容的质量)与动态的课程质量(课程设置、课程实施与课程评价的质量)。[①] 在当前教育倡导提升内涵的大背景下，我校在课程质量建设，主要是在课程体系的逻辑性、课程时空的拓展性、资源整合等方面进行了探索。

一、逻辑强化：课程建设的逻辑性

一所学校的课程质量主要取决于其逻辑体系的严密性。具体而言，学校课程要契合学校的教育哲学与育人价值，同时各个课程之间要符合

---

① 王华女：《多维视野下的基础教育课程质量监控机制研究》，博士学位论文，湖南师范大学，2013。

科学规则，并且在实践上还要与现实层面的诸要素相融合。“良好的学校课程应该是富有逻辑感的课程，这一逻辑是指广义上的逻辑，即学校应该建构一个基于学校课程哲学基础的具有组织化的课程整体，这一课程整体将学校各项课程有机地结合成一个相互关联且有逻辑关系的育人整体，这应该是学校课程建设的出发点与归宿，也是学校校长办学所应追求的目标。”①

为了学校的课程品质，我们高度重视课程的逻辑性建设。在课程规划和课程实践中，学校在明确学生核心素养的基础上，基于不同学科对核心素养的考察，对各门学科进行价值分析与合理定位，统筹协调各门学科的取舍、权重及优化组合，形成学校绿色多维课程体系。同样，在实施层面，学校也充分考量校级、年级、班级的不同站位与需求，制定不同的管理举措和实施方式，从而使课程的各个环节、各个要素得以流通起来，保证课程得到较好的实施。

二、时空拓展：课程时空的延伸

不管何种课程，不管作何理解，都具有一定的时空特性，即时间维度和范围以及空间广延的特性。时空特性是课程资源开发的时空规矩，是选择、确定开发内容的重要参照系。在不同的时代，课程时空的开发与利用表现出不同的倾向性。“我们研究时空关系必须从点式、线式、面式思维超脱出来，养成多维思考的习惯。所谓多维，一般包括空间的三维和时间的一维，就是说，它至少也是时空四维。不论何时何地，我们都要把空间的开发利用同时间的因素联系起来，同一空间在不同时间或不同的季节里，其利用的方式就不尽相同，要尽力使其在时间的长河中，发挥出最大的效益。”②拓展课程的时间与空间，可以进一步优化和整合课程资源，丰富课程内容与形式，扩充课程实施的载体，从而大幅

---

① 于会祥：《构建有逻辑感的学校课程》，载《中国教育学刊》，2018(2)。

② 周扬明：《时空经济学论纲》，67 页，北京，人民出版社，2000。

提高课程质量，让学生接受更多形式的课程。

我校在设计课程内容的时间、空间时，注重遵循儿童成长与学习的客观规律，注重提高课程时空的利用效益，并进一步拓展课程实施的时间与空间。课程时空的延伸主要包括两个方面：一方面是课程时间的拓展，主要通过长短课时与自主课时等来实现；另一方面是课程空间的延伸，主要通过整合校内外空间资源来实现。

为了适应整合、改革后的课程内容，学校在保证课时总量不变的前提下，调整了课时比例，将原来固定的每节课 40 分钟调整为 70 分钟、60 分钟、50 分钟、35 分钟、20 分钟等的大、中、小课时。基础课时是 35 分钟，大课时是 60 分钟，小课时是 20 分钟。教师可以根据主题课程整合的需要或者儿童的成长需要，把 30 分钟和 60 分钟的课程整合在一起，形成 70 分钟的综合性课程，为儿童提供丰富的、综合的课程体验。大课间为 50 分钟，学生在运动场上，可以根据自己的特长参加各种体育社团，在体育教师的带领下练习专门的运动项目。学校根据课程性质和教学内容配以不同的课时，使学生的学习生活张弛有度，富于变化，满足了不同学生的学习需要，使每个学生都能得到全面、和谐的发展。

教师可以根据实际需要自主安排，对大小课时进行组合，如 60 分钟的主题实践课程，70 分钟的美工课程，60 分钟的舞美、茶艺、钢琴等课程，还有 30 分钟的阅读大课和 20 分钟的诵读小课。学校在进行课程建设时注重为学生提供多样化的选择。学校根据学生、家长、教师等各方面的调研情况，为学生提供了几十个可供选择的课程。每个学生都可以根据自己的兴趣、爱好、特长选修课程，拥有一张与众不同的课表。在满足学生普遍需求的基础上，学校加强课内外资源的整合、融通，用以增强校本课程对学生发展的适应性，满足学生的兴趣爱好，让课程关注到每一个学生的发展，促进学生多样化的成长。

我们努力将校园的每个角落都注入教育的元素，尽可能开放所有的教育资源为课程服务，使办学理念视觉化、具象化，充分展示学校的文化气质。学校分为三个校区，各个校区的校园内都绿草如茵，建筑错落有致、色调统一，又各具特色，实现了办学的特色化。教室“变大”了，我们在楼道内放置了计算机、钢琴、乐器、图书，并全部向学生开放，我们把科技馆也建在楼道里，在楼顶我们还开辟了空中梦想花园，种植了几十种植物，其中有 18 种中草药。学校力求教室空间资源化、宜学化，修建了多功能报告厅、音乐室、美术室、书法室、形体室等，配备了电子班牌，校园内的诸多设备、设施也成了会说话的“教育者”，满足了学生学习课程文化的需要。学校利用广播站、电视台、校刊小报和图书馆、电脑室等专用教室，让学习在与其他活动的配合和联结中弹性地延展，把整个学校变成了学生随时参与的学习空间。

三、资源整合：课程资源的维度整合

课程资源是教育教学活动中一切可资利用的人力、物力以及自然资源的总和，它具有多样性、多质性、价值潜在性等特点。[①] 我校非常注重对于课程资源的整合工作，一直致力于多维度地整合不同的课程资源，从而使课程资源进一步丰富化、系统化，从而增强了课程构建与实施的支撑力量，保障了课程的实施效果，提升了课程体系的内涵与质量。

首先是人力资源的整合。我校从 11 年前的新建校一跃成为大兴区的窗口学校，这期间取得的进步和成就得到了社会的广泛认可，慕名来校参观学习的省区市教育界同人一批又一批，学校的影响力慢慢向更大范围延展，在多个方面起到一定的引领作用。2015 年 9 月至 2017 年 9 月，学校从知名高校引进音、体、美学科专业人才 7 人，招聘音乐专业、体育专业、师范专业硕士毕业生 14 人，并为他们解决北京市户口，提供学校宿舍，从其他学校转入高级教师、骨干班主任 7 人。然而，仅仅依靠引进是不够的，因此学校拓展思路，多方整合，通过各种方式提

① 周扬明：《时空经济学论纲》，8 页，北京，人民出版社，2000。

图 9-1 多才多艺的教师队伍

升学校的人力资源质量。例如，以本科学历为起点聘用具有教师资格证的教师，组织多层次、多形式、多渠道的培训活动，培养教育教学基本功，继续为每一位新入职的教师提供到北京小学总校培训半年的机会，邀请北京市特级教师组成专家组，成立教师工作坊，为教师提供与北京市教育大家亲密接触的机会，快速提升教师个人能力。

其次是课程内容的整合。从学校活动中挖掘课程资源，丰富课程内容，整合学校课程中零散的、随意性较强的活动，将其转化、升级为有计划、有系统目标的课程活动内容。例如，学校和区园林局、开发商协商，在紧临学校东墙的翡翠公园里开辟出一片土地作为“种植体验园”，并将其分隔成不同形状的小花池分给各班，学生不定期地到那里播种、施肥、拔草，不同的花种不定期地开放，或争奇斗艳，或绿意浓浓。看着通过自己辛勤劳动换来的美景，学生的心中充满了喜悦。学校与上级部门协商，由区体育局出面在公园内一片空地上建了一个笼式足球场，让喜欢踢足球的学生可以在这里施展拳脚。周边的幼儿园成为我们“幼小衔接”的合作伙伴，高质量的初中又成了我们“中小衔接”的合作伙伴。周边军队大院为我校学生提供了课外拓展、军营体验的场所。气象局、环保局也成为我校学生进行社会实践的场所。

学校还注重运用信息化手段促进学校的课程建设，如利用电子档案系统管理档案，利用微信对学生进行评价等，大大提高了管理效率。

图 9-2　学生在种植体验园

图 9-3　学生在笼式足球场踢球

第二节　成效初显：师生生活和校园面貌的改变

学校课程建设为学校的进一步发展提供了全新的机遇与挑战，课程是学校教学的核心，课程品质的提升势必带来校园生活面貌的巨大改善。习近平同志在党的十九大报告中指出，“中国特色社会主义进入新时代，我国社会主要矛盾已经转化为人民日益增长的美好生活需要和不平衡不充分的发展之间的矛盾。”美好生活是当前我国人民的迫切需求，因而自然也是教育领域广大师生的迫切需求。可以说，为广大师生提供美好的校园生活，是当前教育改革发展的核心所在。

我们正是秉持着“好课程，是为了好生活”的根本宗旨来着力推进建设工作，经过 11 年的深耕与努力，一个内涵深刻、内容丰富、基础扎实、成效显著的“绿色成长”特色课程体系已然形成，并且在“绿色成长教育”的文化土壤中不断地茁壮“生长”着。而且，课程建设带动了学校的全面发展，使“翡翠城”这所年轻的学校充满了生机与活力，初步实现了学生、教师、学校“三位一体”的发展，得到了学生家长、社会和教育主管部门的肯定。

课程建设重塑了“翡翠城”的生活方式，升级了“翡翠城”的教育生态，使之与绿色生活、美好生活更加接近。在教育现代化的道路上，学校努力实践着“绿色成长教育”的顶层设计，以“整体构建，因材施教”的课程文化为载体，让每一个生命自然、自主、可持续地成长。学生的学习生活改变了，他们辗转于各个课程的学习中，忙碌而快乐；教师的教学生活也改变了，他们根据不同的课程来调整教学方式，在不同的舞台上发挥作用；校园的面貌也改变了，呈现出一幅处处皆有课堂、教室内外皆有美丽的学习场景……

一、促进了学生的自主成长

几年来，在学校课程管理团队和专家的引领下，学校的课程建设与研发工作稳步推进，逐渐形成了“一体多维”的课程体系。目前教师自主研发了近五十门课程。有很多课程是学生自己研发、自己招募团员、自己组织实施的，项目内容丰富，学生的能量在不同地方得以释放，能力在各种课程中得以培养，这种多样化的成长方式让学生彰显出自信与大气，为他们的可持续发展积蓄了力量。学校活动丰富多彩，如文化节、艺术节、英语节、体育节等，都是学生的最爱。“绿色成长教育”的理念已经深入教师和学生心中。

为了实现整体育人、个性发展，学校实行小班教学，每个学生拥有一张个人专属的课程表。学生通过“稻草人系列课程”中的“指尖旋律”与“悠扬旋律”，以掌握钢琴基本弹奏技能、葫芦丝基本吹奏技能为基础，提升艺术气质。学生学习了两年的舞美课程后，可以随着音乐抬头、伸臂、轻盈地走路、愉快地跳跃，在坐、立、行中感悟艺术美，提高了审美能力，并最终形成了良好的身体素质和精神气质。学生通过参与茶艺课程不断深入了解中国茶文化，把中华民族传统文化根植于心，通过“礼仪小茶人”，感知茶本源、茶衍生、茶实操、茶实践，初步感受茶艺中的“知”与“行”。在茶艺课堂中，教师不仅讲课，还注重锻炼学生的动手能力。不少学生都成了茶艺小高手，在赏茶、投茶、注水过程中他们神采飞扬。杯中的嫩芽儿朵朵绽放，茶香飘满教室，茶味沁人心田，学生们的心绪也开始飞扬。

翡翠娃电视台由一名专职编辑教师、10 名学生主持、10 名学生小记者组成。节目撰稿、节目录制、节目播出、节目信号切换、媒体发布等均由学生完成，他们还负责学校活动、重大会议的现场节目制作和转播。翡翠娃电视台被评为北京市优秀校园记者站。I 运动俱乐部中的小篮球队、小足球队、健美操队等相继在活动中获奖。奥兹科技社的学生在各级各类比赛中也获得了国家级奖项。

在学校中，师生之间相互影响，以教师为主导，以学生为主体，共同成长。师生互动呈现多元、多层、多向、多群的状态。学校以“自主、本真、互动、生长”的课堂文化为目标，倡导学生在生活中学习，实现师生的自主成长，使课堂凸显原汁原味、自主互动的特点。学校里的社团活动五花八门，学生实行自主管理，针对共同感兴趣的项目打破班级界限一起学习、一起研讨，在探究中，彼此增进了友谊。在课堂上，小组合作学习已然成为常态，学生们在齐心协力、分工合作中感受到团队强大的凝聚力。

教育是生活的过程，校园生活是学生生活的一部分，学习、玩乐、活动就是校园生活的主要内容。在校园内，学生为每个树种制作标牌并设计二维码，在楼道里的暖气罩上种了绿植，供大家观赏。在科学长廊里，学生们种植盆栽，饲养小仓鼠和金鱼，在实践园里，每个班级都种下不同的植物。

学校努力为学生提供体验和创造的机会，提升学生的成就感，激发他们的创造热情。学校在课程资源再研发的基础上，通过整合学科资源，不断提升学生的创造力。在各类活动中，学生们充满自信，敢于质疑，敢于尝试，对任何事物都充满好奇与热爱，学生不再局限于单一的课本学习，有了更宽泛的学习空间，开阔了眼界，提升了能力。

学校制定了过程性评价和终结性评价相结合的学业评价制度，让学生在学习中更关注学习态度和平时的积累，从而为课程的顺利实施奠定了基础。我们在评价学业成绩的基础上，增加了对学科能力和学科实践的评价，引导教师和学生不仅关注知识的学习，更要注重应用能力的提升。我校立足于培养学生适应社会发展需要的必备品格和关键能力进行课程整合，站在“核心素养”角度，让学生和教师一起，在真实情景中，围绕生活问题一起学习和创造，实现每一个人的绿色成长。

二、提升了教师的获得感和幸福感

课程是促进学生发展的重要载体，也是决定教育质量和教育水平的最基本的要素之一，它体现了学校的办学理念及育人目标，是教育品质的一个集中体现。在课程实施过程中，我们注重提高教师的课程把控力，本着“教研即科研”“问题即课题”“过程即成果”的宗旨，做实年段，做实课堂，形成了自主发展、自我提升的教师专业发展机制，带动了教师专业水平的提升，形成了“大气智慧、自信优雅”的教师文化。

我们在优化管理上下功夫，改变原有的管理模式，实行扁平化管理，每位干部承包一个年级组并引领一个学科，使得学校管理层直接与课程实施层对接。课程建设的管理干部都要任课，是本学科的市区级学科带头人、骨干教师，更是学科的引领者。根据教师专业发展阶段理论（不同发展阶段的教师有不同的职业特点和发展需求），学校在广泛调研的基础上，针对不同发展阶段的教师制定了相应的培训目标、培训课程、培训方式、培训途径，构建了北京小学翡翠城分校中小学教师培训课程体系。为了课题的顺利开展，我们以班级任课教师为依据编排办公室，便于教师从整体上了解学生、教育学生，每周一次教研日，双管齐下，教学、育人两不误，实现了由学科教学向学科育人的转变。教研组对教师的备课、上课、作业等常态工作，常抓不懈，学校中层以上干部和教研组长及骨干教师每学期听课 20 节以上，侧重于教学过程和教学效果的研究。我校以“学科工作坊”活动为突破口，创新校本研训，促进教师发展；科学指导教研，促进教学质量稳步提高；加强校本教研活动，突出研究的实效性和可操作性。例如，针对工作热情高、态度认真负责、专业知识丰厚的新入职教师，学校从课堂组织入手，教会他们如何针对学生的心理特点组织教学，并开设了学科教材分析、学科教育心理学、教学基本方法和技能、学生管理等培训课程。学校按照培训课程体系，有序安排新教师培训、骨干教师培训、教师全员岗位培训等系列培训活动，为教师提供了专业成长的阶梯和路径；合理推进教研活动课程化，拓展中小学教师专业发展途径。案例研究是教师改进教学实践、提升教学能力的好抓手，也是促进教师终身学习、感受职业幸福的好策略。因此，在课程建设的探索与实施过程中，学校出版发行了《校本课程品牌化建设的实践研究》科研成果案例集，以案例为抓手，引领教师针对课程实施中的问题进行反思、总结，全员参与，对一百余案例进行匿名评审，编辑出版了《教育的翡言翠语（二）——校本课程品牌建设的实践研究案例集》。案例集中记载了在日常工作中发生的生动而富有启发性的教育教学案例，每个案例都深刻剖析了日常教育现象背后所隐藏的教育问题，案例向我们展现了教育教学过程中的异彩纷呈和教育的独特魅力，也向我们展现了教师的教学反思能力和教育智慧，同时记载了每一位教师不断求索、走向成熟的深深足迹，具有一定的价值和可借鉴性。

在日常教研活动中，我们关注在课程实施过程中发现的问题，明确合理的目标，组织反思与行动跟进，要求教师从学科发展的视角进行研究，实现教研活动的课程化。教师成为课程的生产者和主动的设计者，在参与校本课程开发的过程中不断提高专业能力。学校为教师提供课程领域的信息、可用的教育资源、外部的参照系等。在宽松的环境中，教师的内驱力与创造力得以彰显。他们自主研发的校本课程成果有 15 项，其中 6 项已经作为图书出版。

在课程资源建设中，我们充分发挥市区级优秀骨干教师的作用，引导骨干教师将自己成功的教学经验进行整理提炼，形成实践性培训课程。我们再组织市区级专家、教研员，分小组进行调研，系统分析教学质量的成因，再把专家与任课教师之间的交流进行系统整理、理论提升。我们借助“以课例研究为载体的团队成长”模式落实“绿色成长”课程体系，充分发挥专家的引领作用，提高课堂教学实效性，提升教师课程实施力。教师在“以课例研究为载体的团队成长”行动中，互相启发，互相鼓励，乐于创新，不断积累提升。这种模式凸显了学校自主发展的理念，满足了教师的个性发展需求，有效促进了教师的专业发展，为课程实施提供了坚实的保障。以语文教研为例，“作文教什么”“作文怎样教”这些困惑一直是教师在开展语文作文教学中常遇到的问题。基于教师和学生在作文教学和写作中遇到的难题，学校打造了丰富的文学素养类课程，营造了富有浓厚人文气息的校园文化氛围。在充分调研的基础上，把教学实际问题归结梳理为语文学科作文教学的研讨专题，以文学素养课程为载体，提高了学生的审美能力和人文素养。在每学期的教研活动中围绕专题开展研课、观课、评课、反思、总结。在课程设置上，结合书香小课、书香大课，组织手抄报、知识问答、表演等活动，培养学生良好的阅读习惯，激发学生的阅读兴趣，提高学生的阅读能力。经过教研实践，教师设计了针对作文教学的课程，课题组骨干教师积极发挥辐射作用，他们研发的作文教学指导课例被评为市区级优秀课例。

学校强调尊重学校师生的独特性与差异性。教师，作为课程开发的主体，在参与开发课程的系列实践活动中，其智慧潜能得到了充分挖掘，专业思想境界得到了显著提升，业务能力得到了长足发展。为保证校本课程开发的正确方向，学校倡导教师自主开发并申报课程，并从多种渠道协助教师调研，及时了解课程开发的进展情况及教师在课程开发过程中遇到的问题、困惑与需求；为教师提供分层指导，建立分享机制和区域交流平台，打造学习共同体；分层组织校区间、小组间、组内的主题分享交流活动，促使教师互相学习，相互补充与共同发展；针对教师在课程开发过程中遇到的突出问题，全力帮助教师解决，及时释疑解惑。并组织专家以课题的方式加以管理和推进，避免急功近利。针对课程实施的不同阶段，学校组织专家团队关注顶层设计，关注对课程评价设计，关注国家课程与校本课程的关系，关注对课程整合等问题的思考和解决。

“海阔凭鱼跃，天高任鸟飞。”教师踊跃投身于课程建设。学校引导教师在关注学生发展的同时，关注自己的内心世界，从而形成更多的积淀。教师在课程实践与反思过程中，为满足学生成长的需求，适应社会发展的需要，不断从知识中汲取营养，丰富和挖掘教育资源。学校的教师团队与学校课程建设成为融合个人价值和集体智慧的发展共同体。学科内外统整，打破教材编排结构，打通学科间的隔阂，对国家课程进行重组、融合与转化。学科内外整合的过程，极大地拓宽了教师的知识面，提高了教师的专业技能。在课程开发过程中，教师们深钻教材，互相交流，开展了多轮观课、议课、磨课，在保证个人课程自主实施的过程中，积极参与更多的团队合作，不断取长补短，在经验交换与思维碰撞中共同成长。在课程体系的研究、构建与实施过程中，从课程体系的顶层设计到具体实施再到反思总结，教师始终在学校课程目标的引领下行走在课程研究的路上。课程建设的过程，也成为每一位教师不断学习、努力提升、坚持创造与智慧生成的过程。在实践中，教师不断形成与推广课程整合方法、途径与经验，开创了名师工作室、师徒示范结对、同课异构、特色教师展课的研训模式。

学校把教师的专业知识、教师的个人能力、教师的教育故事作为最重要的课程资源，引领教师关注自身智慧、自身价值观和自身生命状态对学生的影响，注重教师的专业化、个性化发展，让教师参加课程开发、课程整合、课程实施、课程评价的全过程，并在过程中体验与反思。在课程实施中，我们本着“教研即科研”“问题即课题”“过程即成果”的宗旨，做实年段，做实课堂，注重常态研究，提高了教师的课程把控力。几年来，教师队伍从建校之初的16人发展到如今的137人，市区级学科带头人、骨干教师所占比例由建校时的13%发展到现在的27.8%。教师成长迅速，学校现已有五位教师独立承担市区级课题。近三年来，教师的论文、课例等获奖200人次，其中国家级获奖4项、市级荣誉7项。课题负责人张文凤所撰写的专著《翡翠城——梦开始的地方》入选“北京教育丛书”，以官方形式向市内兄弟学校推广经验与成果。全书贯穿“绿色成长教育”理念，重点介绍了“绿色成长”课程体系建设。有关论文发表于《中国教育报》《北京教育》《中小学管理》等报纸杂志上，在国内产生了深远的影响。课题研究带动了教师专业水平的提升，形成了自主发展、自我提升的教师专业发展机制，强化了“大气智慧、自信优雅”的教师文化。

三、形成了自主开放的办学风格

课程体系的建设和实施是学校办学思想的展示。在办学理念的引领下，学校不断探索，为学校的可持续发展奠定了良好的基础，通过熏陶、浸润、实践、内化和价值引导提高了师生的人文素质，促进了师生的成长，形成了有“翡翠城”特色的文化底蕴。学校聚焦课程建设，努力建构符合核心素养的课程体系，强力推动学校发展，进一步提升教师的专业素养，提高教师的课程领导力和创造力，树立起“绿色成长”的教育理念，追求课程建设的品牌意识，强调以个性化的发展带动师生的全面和谐发展。

课程建设的实施不仅丰富了课程资源，而且推动了学校的整体变革。学校将更多的课程资源推送到学生面前，使学生的学习内容更加宽泛，学习形式更加多样，在广泛开发社会资源的过程中，营造了良好的教育氛围。“家长讲堂”已经开设几百讲，家长排队等待为学生讲课，内容涉及“遥远的非洲大陆”“我从哪里来”“钢铁是怎样炼成的”等，学校、年级、班级等不同层面的“家长讲堂”活动很好地弥补了学校教育资源不足的现状，同时也拉近了家长与学校的关系。“绿色成长教育”的理念得到更好的彰显。

年级综合实践活动课程的开展，使学校两千多名学生全部参与到主题化、系列化的活动中来，为学生的自由成长提供了机会。课程的建构、实施与资源的二次开发，激发了教师的创造活力和科研热情。自课程实施以来，数十位市区级教学骨干和学科带头人脱颖而出，我校教师的课程论文在市级以上评比中获奖上千余次。学校课程建设成果获“北京市课程改革优秀成果一等奖”，被授予“北京市基础教育课程改革先进单位”称号。

在课题实施中，我们先后获得“最具发展潜力的学校”“北京市遨游课程实验校”“北京市教育科研先进学校”“全国教育系统先进组织”“北京市三八红旗先进集体”“北京市大兴区师德先进集体”“北京市数字化校园示范校”“北京市花园式学校”等称号，并连续七年获大兴区教育教学一等奖。“翡翠城”的学生爱好广泛，自信阳光；“翡翠城”的教师积极向上，充满爱心，他们每天都呈现出一种自由、舒展的生命状态。大兴区教委进行“点、线、圈”的区域整体布局规划，进一步以协作区的方式开展工作，从单向输出转向了双向与多向互促发展。学校发挥自身优势，打造优质教育资源点，形成了北校区、南校区低部、高部联动发展的新格局，正大踏步地向我们理想中开放自主的办学风格靠近，在城乡线和中小线上进行有效的衔接、互学、互帮，进一步促进“优质圈”的形成。“绿色成长教育”提倡的是一种自然的、原生态的、生活化的教育形态。在课程实施过程中，我们将家庭和社会引入校园中，发挥三者的互补共育作用，为学生提供了一个完整的教育空间。我们以“家校携手，为学生打造自由舒展的成长空间”为主题的专题片，入选中国教育电视台推出的“北京市百所特色学校展”。在协作区中，我们针对中小衔接进行了有益的尝试，收到了很好的效果，同时在课题研究、培训学习、资源共享等各方面也进行了互促互学。我们接待了来自内蒙古、深圳、石家庄、安徽等兄弟校的教师来校参观与培训，活动的本身也是对我们的鞭策与鼓励。

课程建设是一所学校对课程结构和课程文化的重构。在自主开放的办学特色指引下，学校以“绿色成长教育”为基点，整体推进课程建设，创新课程思想，丰富课程内涵，用课程提升学校品质，培育师生共同成长的沃土，让每一个学生在课程文化熏陶中感念教育，让“绿色成长”教育课程为每个学生的终身发展和幸福奠基。

第三节　展望未来：面向未来描摹更为壮阔的课程图景

在建校后的11年里，我们怀揣着梦想，一直朝着我们理想中的学校迈进。联合国教科文组织在2015年9月发表的题为《处于争论和教育改革中的课程问题》报告中指出：课程问题是学校教育最关键的问题，课程是学校全部的教育活动，而教育目标正是通过课程来实现的。这个报告提出了课程发展的趋势，它大概包括六个方面：强调培养能力，强调以学生为中心，强调整体综合，强调多样包容，强调数字化，强调科学评估。培养关键能力已经成为国际教育趋势，成为国家的发展目标和人民的迫切需求，从而也成为教育改革的新动力。不论何时，学校办学都不能脱离办学宗旨，那就是育人。在未来几年的课程建设中，我们将精准地把握学生成长的脉搏，贴近他们的成长规律，经常以“为谁培养人？怎么培养人？培养什么样的人?”自问，立足以往的实践研究基础，使课程实施更加凸显综合性，使课程评价更加凸显质性描述，使课程管理能够更好地服务于课程建设。

一、从学科本位向学科综合转变

当前教学内容的划分是以学科为基础的，然而学生并没有对他们的学习做出相应的划分。其实学习是整体的、交互式的，我们的课程应该朝着整体性、体验式的方向转变，从而培养学生的终身学习能力。当前的改革旨在为课程和教学找到一种综合、自然的方式，由此产生的整合模式和框架要么围绕特定的主题，如我们曾经尝试过的课例“北京的名胜古迹多”，要么围绕“重要的概念”，如我们的六年级毕业季课程“确定人生起跑线”，要么把生活技能作为跨越学科之间的线索，如我们开展的学生野外露营活动。教学通常经由追求多种学习方式而实现整合，教学和评价以相互联结的方式进行，这是一种整合式的学习方式。学生们对学科知识既见树木又见森林，教师不仅要为学生呈现每个学科独立的知识体系，还要调动他们多种感官的参与，从不同角度对某一知识点进行诠释。

我们今后要从这个方面投入更多精力进行课程改革，这是课程改革的深水区，需要勇气、毅力与智慧。我们力求冲破围墙，打破现在整齐划一的工业化教育生态，创造符合学生需求的个性化教育，为学生提供公平而有质量的教育。

二、从课程管理向课程领导转变

我们提出课程领导的概念主要是希望“翡翠城”的所有干部教师能够在课程改革的过程中，更加凸显自身的创意与创造力，自律、自主地进行课程实践，基于校本课程开发，以提升学生学习品质为目标进行课程领导。

当下学校管理存在功利化、科层化、秩序化倾向，这对于课程建设非常不利。学校管理本身也是一种教育，不恰当的管理将会导致不完整的学生。在未来几年中，我们将更多地采用扁平化的组织架构，不再拘泥于传统的年级和班级的管理体系，加强不同学段和不同年级之间的衔接，根据学生的个体需求提供私人定制的教育服务。我们会更加开放，加强与外部社会的联系，利用一切有利的社会资源为课程服务；我们会更加民主，充分尊重学生，鼓励学生自主管理，把学生培养成有道德情操、国家意识和世界精神的健全公民。通过职能划分和机构重组，实现课程决策、课程执行和课程监督三个职能相对独立，精简管理层级，加强机构之间与机构内部的协调，将课程组织架构从纵向垂直模式转向多向交叉的互联模式。同时，利用大数据提供更加精准的教育管理服务，提升学校治理能力的现代化水平。

三、从量化评价向质性评价转变

综合来看，课程评价是目前改革中最为薄弱的一个环节。从某种程度上来说，学校是以综合评价代替了课程评价。在后续的几年中，我们会拿出更多的精力做好课程评价，继续完善《绿色成长评价手册》的线上、线下评价功能，让评价更加快捷、简单，更加关注过程，使得评价慢慢由注重标准化、客观化、求效率、计较成本效益等的量化评价，向更加注重过程而非成果以及更加注重与学生生活实际相结合的质性评价转变，更多使用关注学生课堂学习情况的真实评价和关注学生学习过程的实作评价，以及收集、整理学生在课程学习中的全部努力、进步、学业成就等的档案评价。

质性评价不仅可以使教师了解学生的学业成绩，而且可以使教师更容易发现和发展学生多方面的潜能，了解学生发展中的需求，帮助学生认识自我，建立自信。质性评价有两个特点：一个是评价内容全面，另一个是有促进发展的功能。同时我们也要建立对教师的评价体系，注重教师对自己教学行为的分析与反思，建立以教师自评为主，校长、教师、学生、家长共同参与的评价制度，使教师从多种渠道获得信息，不断提高教学水平。

沃尔特·艾萨克森在《乔布斯传》中说："预测未来的最好方法就是创造未来。"陶西平老先生说："面向未来的教育改革是一项理论与实践相结合的艰苦的渐进的动态过程，充满着矛盾和困惑，充满着不同观点的争议，充满着传统观念和习惯势力的阻力，需要改革的担当和勇气，需要改革的决心和智慧。"全体"翡翠城人"会一如既往，披荆斩棘，因为我们坚信：我们终将抵达梦想翡翠城！

参考文献

CANKAO WENXIAN

[苏]阿莫纳什维利，孩子们，你们好！. 朱佩荣，译. 北京：教育科学出版社，2005.

[美]拉尔夫·泰勒. 课程与教学的基本原理. 罗康，张阅，译. 北京：中国轻工业出版社，2014.

[法]卢梭. 爱弥儿. 李平沤，译. 北京：商务印书馆，1996.

[美]内尔·诺丁斯. 幸福与教育. 龙宝新，译. 北京：教育科学出版社，2009.

冯平. 评价论. 北京：东方出版社，1995.

高益民. 学校文化凝练. 北京：教育科学出版社，2013.

教师资格认定考试编写组. 教育学. 北京：北京师范大学出版社，2008.

靳玉乐. 潜在课程论. 南昌：江西教育出版社，1996.

靖国平. 课程与教学论教程. 武汉：华中科技大学出版社，2012.

孔凡哲. 教科书质量研究方法的探索：以义务教育数学课程标准实验教科书为例. 北京：人民教育出版社，2008.

李政涛. 重建教师的精神宇宙. 上海：华东师范大学出版社，2014.

全国十二所重点师范大学联合编写. 教育学基础(第3版). 北京：教育科学出版社，2014.

施良方. 课程理论——课程的基础、原理与问题. 北京：教育科学出版社，1996.

王斌华. 校本课程论. 上海：上海教育出版社，2000.

吴刚平. 校本课程开发. 成都：四川教育出版社，2002.

杨四耕. 让课堂洋溢生命感. 上海：华东师范大学出版社，2017.

张东娇. 学校文化管理. 北京：教育科学出版社，2013.

张华. 课程与教学论. 上海：上海教育出版社，2000.

张文凤. 翡翠城——梦开始的地方. 北京：北京出版社，2015.

钟启泉，李雁冰．课程设计基础．济南：山东教育出版社，2000.

钟启泉．现代课程论(新版)．上海：上海教育出版社，2015.

周雪光．组织社会学十讲．北京：社会科学文献出版社，2003.

韩素．北京小学翡翠城分校发展战略与策略研究．北方工业大学硕士学位论文，2018.

史丽晶．基础教育课程改革目标实施程度研究．东北师范大学博士学位论文，2016.

王华女．多维视野下的基础教育课程质量监控机制研究．湖南师范大学博士学位论文，2013.

荀洪梅．中小学艺术课程实施现状研究．东北师范大学博士学位论文，2013.

荀振芳．大学教学评价的价值反思．华中科技大学博士学位论文，2005.

张梓欣．社会主义核心价值观融入小学德育研究．中北大学硕士学位论文，2018.

[美]玛雅·比亚利克，等．陈伦菊，盛群力，译．21世纪的品格教育：学生应该学习什么(上)．数字教育，2018(5).

车丽娜．论学校课程规划的基本向度．西北师范大学学报(社会科学版)，2015(4).

崔颖．高校课程体系的构建研究．高教探索，2009(3).

窦桂梅．新课改背景下课程整合的实践探索——清华大学附属小学"1＋X课程"育人体系建构的案例研究．教育研究，2014(2).

范涌峰，宋乃庆．学校特色发展：内涵、价值及观测要点．教育研究与实验，2017(2).

顾明远．课程改革的世纪回顾与瞻望．教育研究，2001(7).

何红娇．学校教育时间效益刍议．山东教育科研，1999(C2).

黄子义．小学科学教育存在的问题及对策．教育现代化，2016(39).

季平．基于核心素养培养的校本化教学实施策略．现代中小学教育，2018(9).

贾玉娥，张涌．始终发扬伟大梦想精神．河北日报，2018-11-21(7).

金东海．论三级课程管理体制中的学校课程管理．西北师范大学学报(社会科学版)，2004(3).

靳昕，史利平．京津冀基础教育协同发展运行机制研究．中国教育学刊，2017(12).

靳玉乐．课程实施：现状、问题与展望．山东教育科研，2001(11).

康晓强．中国人民具有伟大梦想精神．学习时报，2018-09-05(A2).

林崇德．构建中国化的学生发展核心素养．北京师范大学学报(社会科学版)，2017(1).

刘佛年．关于教育改革中的几个问题——刘佛年同志在全国普通教育整体改革研讨会上的讲话(节录)．中学教育(学校管理版)，1987(3)．

罗平．高校课程教学质量提升路径探析．黑龙江教育(高教研究与评估版)，2017(7)．

罗祖兵．欣赏性评价：综合素质评价的方法论选择．课程·教材·教法，2018(1)．

马振，杨丽珠，范文翼．小学生健全人格培养目标体系的构建．心理研究，2016(2)．

孟青，杨帆．中华优秀传统文化教育课程化实施策略．教育评论，2018(5)．

石中英．人文世界、人文知识与人文教育．教育理论与实践，2001(6)．

苏静静，张大庆．世界卫生组织健康定义的历史源流探究．中国科技史杂志，2016(4)．

孙丽．校园景观规划与人文教育的融合研究．湖南城市学院学报(自然科学版)，2016(3)．

孙绵涛．学科论．教育研究，2004(6)．

吴刚平．课程资源的开发与利用．全球教育展望，2001(8)．

吴遵民．当代国际课堂教学改革的发展动向及启示．外国中小学教育，2006(8)．

萧仕平．勇：从形式之德到内容之德——孔子论“勇”及其现代启示．道德与文明，2009(6)．

徐继存，段兆兵，陈琼．论课程资源及其开发与利用．学科教育，2002(2)．

徐鸣．中小学校特色课程建设初探．新课程研究(上旬)，2017(12)．

许建领．高校课程综合化的渊源及其实质．深圳大学学报(人文社会科学版)，1999 (1)．

闫婷．小学素质教育中的艺术教育问题研究．成功(教育版)，2013(1)．

杨进，柳海民．论美好生活与学校教育．教育研究，2012(11)．

易森林，袁桂林．试论课程评价多元化趋势．外国教育研究，2001(1)．

于会祥．构建有逻辑感的学校课程．中国教育学刊，2018(2)．

张恩德．基础教育课程内容“难、繁、偏、旧”的产生与规避．课程·教材·教法，2014(9)．

张华．关于综合课程的若干理论问题．教育理论与实践，2001(6)．

张珂琪．学生综合素质评价的实践性研究．中国校外教育(上旬刊)，2018(8)．

张梦琦，王晓辉．浅析法国小学新课时改革．外国教育研究，2014(3)．

赵昆伦，张君．改革开放以来我国基础教育课程结构的演变及展望．辽宁教育，2018(4)．

郑和．知识观与课程内容观——兼谈我国“新课改”课程内容观的转变．浙江师范大学学报(社会科学版)，2004(3)．

郑月．核心素养视角下课程标准的推进与建设．教学与管理，2018(11)．

钟启泉．核心素养的"核心"在哪里——核心素养研究的构图．中国教育报，2015-04-01(7)．

Herschbach D. R. "The STEM Initiative：Constraints and Challenges". *Journal of STEM Teacher Education*，2011(1)．

Sanders J. R. "Curriculum Evaluation Research". *The International Encyclopedia of Curriculum*，New York，Pergamon，1991.

后记

HOUJI

《北京市实施教育部〈义务教育课程设置实验方案〉的课程计划(修订)》的出台，再次彰显了“优质、均衡、公平”的教育理念。该课程计划特别突出了课程“整体育人”的基本理念，即统筹各学段、各学科、各育人环节、各方参与人员和育人环境，以实现全科育人、全程育人、全员育人和实践育人。

我校成立于2008年，分为南、北两个校区。在“绿色成长”教育理念的引领下，依据“整体构建，因材施教”的原则，抓住《绿野仙踪》这本童话故事中的四个主人公所暗含的四种品质，搭建了绿色成长课程体系，凸显了《北京市实施教育部〈义务教育课程设置实验方案〉的课程计划(修订)》中所倡导的理念，即关注学生的生命质量和价值，突出终身发展的核心素养；贴近学生的生活，突出学生是现实生活中“完整的人”；关注学生学习体验、动手实践及创新意识的培养，注重综合实践活动课程在课程体系中的地位和作用，突出实践育人的价值。

在建校的11年时间里，我们一直在摸索、追寻。2013年，我校有幸成为北京市遨游计划项目课程创新实验校，开始致力于整体课程体系的构建，经过反复的推敲，确定了“绿色成长课程体系”的顶层架构。并于2014年8月至2017年6月申报了北京市教科院规划办的立项课题，进行“校本课程品牌化建设的实践研究”，现场结题鉴定等级为优秀。

课程改革让学生不再局限于单一的课本学习，为学生建立了宽泛的学习空间，让学生在与自我、与他人、与客观世界的广泛交往中，学会处理个人心愿与他人需求和社会规范之间的关系，以积极乐观的心态融于社会生活之中；使学生通过生活体验，将知识、能力结合起来，并融入自己的思考、追求，形成自我认知，整体提升学生的发展质量。我们会在时代的改革潮流中继续走内涵发展、追求卓越之路，整体育人，真正实现学生的“绿色成长”！

2018年12月9日